VOYAGE

EN FRANCE.

TOME I.

DE L'IMPRIMERIE DE GUEFFIER
RUE DU FOIN-SAINT-JACQUES, n°. 18.

Le Duc de Montmorenci trouvant une échelle de corde dans un pâté.

VOYAGE EN FRANCE,

Par WILLIAM WRAXALL,

Avec des additions importantes, tirées des Ouvrages de MOORE, ARTHUR YOUNG, et d'autres Écrivains distingués.

Faisant partie séparée de la Bibliothèque Géographique et Instructive des Jeunes Gens, par CAMPE.

TOME I.

A PARIS,
Chez J. E. Gabriel DUFOUR, libraire, rue des Mathurins, n°. 7.
1806.

VOYAGE EN FRANCE,

PAR

WILLIAM WRAXALL,

AVEC des additions importantes tirées des ouvrages de MOORE, ARTHUR YOUNG, et d'autres écrivains distingués.

CHAPITRE PREMIER.

Observations rapides sur la situation, le climat et les productions de la France. Arrivée du voyageur à Cherbourg, au mont Saint-Michel et à Granville. Description de quelques autres lieux de la Normandie.

LA France est, depuis plusieurs siècles, fréquentée par des voyageurs de toutes les contrées du monde : il existe une multitude de descriptions de ses provinces et de ses diverses parties; mais nous ne connoissons point de voyageur qui, après avoir parcouru tous les points de ce vaste empire, en ait publié une relation faite d'après ses seules observations, dans laquelle il ait comparé les habitants du nord, du midi, et des autres régions de la France, soit entre eux, soit avec ceux des autres états de l'Europe.

Les voyages pittoresques de la France, que l'on a publiés, sous diverses formes, ne sont que des compilations rédigées sur des descriptions et voyages particuliers.

De tous les écrits qui ont été rédigés sur la France, nous choisissons préférablement la relation d'un étranger, celle de M. Wraxall,[1] écuyer

[1] Dans la prononciation anglaise le W se supprime devant la lettre R; il faut dire *Raxall*.

anglais. En l'enrichissant de documents tirés de plusieurs autres ouvrages, notre choix s'est aussi principalement arrêté sur des auteurs qui ne sont point nos compatriotes. En effet, un Français ne trouveroit rien de remarquable dans ce que nous avons tous les jours sous les yeux, ou bien s'il le retraçoit, il le feroit nécessairement d'une manière monotone et insipide.

Un étranger, au contraire, nous juge d'une autre manière. Il apporte, dans l'examen des mœurs françaises, les idées et les préjugés peut-être de sa patrie. Les tableaux qu'il trace procurent aux jeunes lecteurs français une double leçon : ils reconnoissent que certains usages, tout naturels que l'habitude les leur fasse paroître, envisagés sous un autre rapport, peuvent avoir quelque chose de bizarre et de choquant ; enfin ils apprennent, à cet égard, en quoi nos mœurs et nos opinions diffèrent de celles des étrangers.

Le travail que nous allons mettre sous les yeux de nos jeunes lecteurs ne peut manquer de leur être utile. La plupart d'entre eux, de ceux même qui sont nés et qui vivent en France, ne se font peut-être pas une idée bien juste de l'ensemble de ce pays. Telle est son étendue, que l'on y trouve réunis les climats les plus opposés ; ici, le ciel sombre et pluvieux des contrées du Nord, le terrain marécageux de la Hollande ; là, des montagnes, dont le front presque continuellement couvert de neige, atteste le voisinage des Alpes et des Pyrénées ; une partie des Alpes est enclavée dans nos nouvelles limites. Au midi, le voyageur observe des campagnes couvertes d'une verdure presque éternelle, un soleil dont l'ardeur est rarement amortie par les frimas et les pluies froides du Nord. Au centre de la France, on jouit du climat le plus tempéré qui existe dans le monde. Les hivers, presque toujours modérés et rarement rigoureux, y sont de peu de durée. Les fortes chaleurs de l'été sont regardées comme des phénomènes quand leur durée excède quelques semaines.

La Gaule étoit l'ancien nom de la France; notre pays n'a reçu ce nom, qu'après la conquête qu'en firent les *Francs*, peuples braves et belliqueux du Nord. L'établissement des Francs dans la Gaule, le partage qu'ils se firent des propriétés domaniales, le servage auquel ils assujettirent les vaincus, ont été parmi nous l'origine de la noblesse et de la féodalité. Les véritables nobles étoient les descendants en ligne légitime et non interrompue des anciens possesseurs du sol; mais, pour empêcher la noblesse de s'anéantir ou de se réduire à un petit nombre de familles, nos rois illustrèrent des personnages qui s'étoient rendus utiles par d'éclatants services. Cette classe de gentilshommes s'appeloit *anoblis*. Enfin, on obtint, à prix d'argent, des lettres de noblesse, et ce fut un coup irréparable porté au systême féodal. Les riches bourgeois, assurés de devenir nobles quand ils voudroient faire le sacrifice de quelque argent, n'eurent plus le même respect pour ceux que le hasard de la naissance avoit placés au-dessus d'eux. Les écrits philosophiques, accueillis avec transport par les classes moyennes de la société, et favorisés en secret par les gens de qualité eux-mêmes, minèrent peu à peu le colosse de la noblesse, long-temps avant l'époque où éclata la révolution. Lors même que la monarchie jouissoit encore de toutes ses prérogatives, les grands emplois n'étoient plus exclusivement accordés à la naissance. On voyoit des ministres, des généraux d'armée choisis dans la simple classe des plébéïens. Quelques favoris et quelques favorites avoient reçu les titres les plus illustres, et, dans les années 1790 et 1791, lorsque l'explosion s'est faite, lorsque l'enthousiasme a échauffé toutes les têtes, l'anéantissement, ou pour mieux dire, la dégradation de la noblesse, l'envahissement de ses immenses propriétés, a rencontré moins d'obstacles que l'on n'auroit dû s'y attendre. Le prolongement des secousses de la révolution, les crimes qu'elle a entraînés à sa suite, n'ont été occasionnés que par les guerres extérieures. Les nobles s'étoient laissés dépouiller presque sans résistance, et n'avoient excité d'abord aucun mouvement dans l'intérieur.

On comptoit autrefois, en France, trente-deux grandes provinces, qui se subdivisoient en plusieurs petits gouvernements. Cet empire étoit alors peuplé de vingt-cinq millions d'ames. On en compte aujourd'hui au moins trente-trois millions depuis la réunion de la Savoie, du comté de Nice, du territoire d'Avignon, de la Belgique, des pays de la rive gauche du Rhin et du Piémont.

Le territoire actuel de la France est borné au nord par l'Allemagne et la Hollande; à l'est, par l'Allemagne, la Suisse, la république italienne et le pays de Gènes; au sud, par la Méditerranée et les Pyrénées; à l'ouest, par l'Océan.

M. Wraxall[1] entra en France, par

---

[1] Mes lecteurs remarqueront que toutes les fois que je fais peu de changements à un voyage, et que je me borne seulement à en élaguer les longueurs, à en retrancher les passages que je ne juge point propres à entrer dans mon plan, à y ajouter çà et là de courtes

la Normandie, grande et belle province, dont se composent aujourd'hui les départements de la *Seine-Inférieure*, du *Calvados*, de la *Manche*, de l'*Orne* et de l'*Eure*.

Il débarqua à Cherbourg, le 22 août 1775. Il y contempla les ruines du môle que les Anglais avoient détruit en 1758. La ville entière présentoit alors l'image de la désolation. Mais, depuis, on y a fait des travaux considérables, qui rendront ce port un des plus beaux et des plus utiles de la Manche. Les premiers essais n'avoient point produit l'effet qu'on en attendoit. On avoit voulu rebâtir la

---

réflexions, je fais parler l'auteur à la première personne. Mais toutes les fois que les changemens sont considérables, et sur-tout que j'y insère soit des réflexions qui m'appartiennent, soit des morceaux d'une grande étendue, extraits d'autres ouvrages, la narration est à la troisième personne. (*Note du Traducteur.*)

digue, en employant des cônes de planches hermétiquement fermés, dans lesquels on bâtissoit à peu près de la même manière que l'on a construit, à Paris, les piles du pont des Arts; mais de pareils travaux s'étant trouvés impuissants contre les efforts de la mer, on a été obligé d'avoir recours à un autre procédé.

La ville de Cherbourg, dit M. Wraxall, est un triste amas de maisons dans une vallée sablonneuse, voisine des bords de la mer. Il n'y règne ni ordre, ni propreté, ni élégance. Mais la situation de cette ville, au centre d'un superbe canal, entre les deux caps de Barfleur et de la Hogue, la rend d'une extrême importance, sous le rapport de la navigation.

De même que le Havre de Grace a toujours passé pour la clef de la haute Normandie, Cherbourg est la clef des côtes de cette même province. Lorsque les rois d'Angleterre possédoient cette partie de la France, en leur qualité de ducs de Normandie, ils attachoient beaucoup d'importance à la ville de Cherbourg. Ce fut par sa conquête que le monarque français Charles VII termina le cours de ses brillantes victoires contre le roi d'Angleterre Henri VI, son compétiteur au trône.

A un demi-quart de lieue de cette ville est un rocher d'une hauteur prodigieuse, où l'on monte par un sentier qui en suit obliquement le contour. Au sommet de ce roc, notre voyageur trouva un petit monastère d'hermites, de l'ordre de saint Benoît, qui cultivoient quelques acres d'un sol ingrat et pierreux, afin de se procurer une nourriture frugale, à la sueur de leur front.

Le supérieur du couvent, après avoir montré à notre voyageur quelques objets de curiosité, le conduisit à une extrémité du rocher, où étoit plantée une croix. C'est de là, lui dit-il, que Jean, roi d'Angleterre, jeta dans la mer, pendant une nuit orageuse, son neveu Arthur, prince de Bretagne.

Je dois dire que ce fait n'est point généralement convenu. Il y a peu de morts illustres, dont les circonstances aient fourni matière à tant de conjectures. Il est bien reconnu, à la vérité, que le prince Arthur, ayant été conduit, comme prisonnier, de province en province, par ordre de son oncle, le roi Jean, disparut tout à fait en 1203; mais les historiens, bien loin d'être d'accord sur l'époque et le genre de sa mort, ne conviennent pas même du nom des prisons où il fut d'abord enfermé.

On y voit encore un vestige de la domination anglaise. A un quart de lieue, vers l'ouest de la ville, le petit ruisseau de *Chanfereine* se jette dans l'Océan. A quelques pas de là on voit, dans la plaine, une petite chapelle qui fut bâtie par Mathilde, fille de Henri Ier, et mère de Henri II. L'histoire rapporte que, sous le règne de l'usurpateur Etienne, cette princesse vint chercher des secours en Normandie. Surprise en pleine mer par une violente tempête, elle eut recours à des prières, et fit le vœu à la Vierge de chanter un hymne à sa louange, dans le lieu où elle mettroit pied à terre. La tempête s'étant appaisée, Mathilde débarqua à l'embouchure même du ruisseau dont nous venons de parler. Un matelot lui dit, en langage du temps: *Chante, reine, vechi terre!* La princesse y chanta en effet son hymne, et le ruisseau a retenu le nom de Chantereine. Non contente de cette marque de sa reconnoissance, la reine a fait bâtir une petite chapelle, qu'on nomme Notre-Dame du Vœu, et dont l'architecture barbare porte l'empreinte du temps où elle fut construite.

Cherbourg prétend remonter à la plus haute antiquité. On dit que cette ville s'appeloit, dans l'origine *Cæsarbourg.* Mais on rapporte une autre version. Richard second, duc de Normandie, oncle de Guillaume le Conquérant, y ayant fait construire un petit château, et étant venu le visiter en personne, le trouva d'une telle importance, qu'il s'écria : « Ly castel est un *cher bourg* per mi ! » De là, dit-on, est venue la dénomination de la ville.

Quoi qu'il en soit, on a déterré, à plusieurs reprises, dans les environs, des médailles romaines. Le beau *val de Saire*, dans la partie orientale du Cotentin, près le cap Barfleur, vient, dit-on, de la prononciation corrompue de *val de Cérès*. Les Romains l'appeloient ainsi, à cause de sa grande fertilité.

M. Wraxall partit de Cherbourg, le matin, alla dîner à Valognes, et arriva le même soir à Carentan. Cette ville est petite, mais les ruines du château méritent d'être vues. Ce lieu est célèbre dans l'histoire des guerres civiles qui désolèrent la France, sous les règnes de Charles IX, d'Henri III et d'Henri IV. L'architecture de la grande église, édifice gothique du quinzième siècle, est d'une extrême élégance. On voit, sur un autel, un tableau de sainte Cécile, patronne des musiciens. La sainte est représentée, jouant d'une espèce de clavecin, ses regards et ses traits annoncent l'enthousiasme de son art.

Il y a six lieues de Carentan à Coutances; mais cette route, comme toutes celles de la basse Normandie, est détestable.

Coutances, où les Romains établirent une de leurs légions, est sur une montagne, dont la pente est fort escarpée. Au-delà de la vallée, une chaîne de collines forme un bel amphithéâtre, et l'environne de tous côtés. La plupart des maisons présentent, par la rudesse et le mauvais goût de leur architecture, des traces évidentes d'antiquité. Quelques-unes ont au moins cinq ou six cents ans. M. Wraxall a vu, sur le fronton de l'une d'elles, la date de l'an 1007.

La cathédrale est au centre de la ville, et est d'une architecture gothique. On en a soigné les détails, comme dans tous les édifices de ce genre, avec une adresse et une patience merveilleuses. Cette église fut commencée en 1047, et, quelques années après, Guillaume le Conquérant, roi d'Angleterre, assista en personne à sa consécration.

M. Wraxall monta dans le clocher le plus haut, et jouit de la perspective la plus étendue. Il voyoit, en France, Granville, et plus loin les petites îles de Chausey. Il distinguoit très-bien Jersey, île que possèdent les Anglais, à la distance de sept lieues, vers le nord. Toute la campagne du côté de Saint-Lô, Avranches et Carentan présente un jardin continuel, dont les productions sont aussi abondantes que variées.

Coutances est une grande ville; on y comptoit beaucoup de moines avant la révolution. Elle est à deux lieues de la mer, et, comme il n'y existe pas de rivière navigable, elle ne fait aucun commerce. Il n'y réside que des propriétaires des environs.

Le Cotentin est un district délicieux; le sol y est aussi fertile qu'en aucun autre lieu de l'Europe. Cependant les gens de campagne paroissent souffrir de la pauvreté.

Le Cotentin est la patrie de plusieurs personnages illustres. Tancrède et Robert Guiscard, si célèbres dans les romans de chevalerie, qui chassèrent les Sarrasins de la Pouille et de la Calabre, et fondèrent les royaumes de Naples et de Sicile, étoient comtes d'Hauteville, petite cité, qui n'est pas loin de Valognes. On voit, dans l'histoire, que Robert, duc de Normandie, fils de Guillaume le Conquérant, le plus généreux et le plus prodigue des princes de son temps, engagea toute cette partie de ses domaines à son frère Guillaume le Roux, avant le départ de celui-ci pour l'Angleterre. Guillaume le Roux lui paya, à cet effet, une somme de dix mille marcs, qu'il leva sur ses sujets anglais.

Notre auteur partit de Coutances, pour Granville; curieux de voir le fameux mont Saint-Michel, il loua deux chevaux, et arriva le lendemain matin à Genet. Le mont Saint-Michel est à sept lieues de Granville, la route suit les bords de la mer. Le chemin de Genet au mont Saint-Michel passe à travers des sables mouvants, qui ne sont praticables que lorsque la marée est basse. M. Wraxall se trouva en conséquence dans la nécessité de prendre un guide.

Ce rocher extraordinaire, haut de trois cents pieds, s'élève au milieu de la baie d'Avranches. La nature l'a complètement fortifié d'un côté par la roideur de la pente. Quelque courage que l'on ait, quelque ingambe que l'on soit, la montagne est inaccessible. Les autres côtés sont défendus par des remparts flanqués de demi-lunes gothiques. Au pied de la montagne commence la ville qui en entoure la base.

Vers le milieu sont les prisons où l'on enfermoit les criminels d'état. Au sommet du rocher est l'abbaye, vaste et solide bâtiment qui, pendant plusieurs siècles, a bravé les ravages du temps et la fureur des éléments conjurés. Un Suisse, concierge du lieu, conduisit M. Wraxall dans tous les appartements.

La salle, dite de la Chevalerie, rappela à notre voyageur un appartement à peu près semblable, qu'il avoit vu à Marienbourg, dans la Prusse polonaise. Les chevaliers de l'ordre de Saint-Michel y tenoient leurs assemblées, dans les occasions importantes. Ils étoient les défenseurs et les gardiens de cette montagne et de l'abbaye, comme les templiers et les chevaliers de Saint-Jean de Jérusalem étoient, dans l'origine, les conservateurs du saint sépulcre. On y voyoit un tableau représentant l'archange, patron de l'ordre. C'est dans cette salle que Louis XI fonda cet ordre, et en distribua, pour la première fois, la décoration.

« Nous traversâmes, dit M. Wraxall, plusieurs chambres et ensuite un grand corridor ; mon guide ouvrit une porte, me conduisit dans un passage plus étroit, et d'une obscurité parfaite. Ensuite il ouvrit une seconde porte, et m'introduisit dans une espèce de cachot, au milieu duquel étoit une cage composée de barreaux énormes de bois. Le guichet destiné à faire entrer les prisonniers avoit dix à douze pouces d'épaisseur. J'entrai, par curiosité, dans cette cage, qui peut avoir douze ou quatorze pieds de largeur, et vingt de hauteur. On y a renfermé, dans les derniers siècles, plusieurs illustres victimes, dont les noms et les malheurs sont oubliés.

« Vers la fin du dernier siècle, me dit le guide, un gazetier hollandais s'avisa d'imprimer quelques réflexions satiriques sur madame de Maintenon et Louis XIV. Quelques mois après, il fut arrêté par un agent de la police que l'on avoit exprès envoyé dans la Flandre française. On l'enferma dans la cage que vous voyez, pendant l'espace de vingt-trois ans; il y passa les restes d'une misérable existence; la mort le délivra enfin de ses maux. Dans les plus longues nuits d'hiver, on ne lui donnoit ni feu ni chandelle, il ne lui étoit permis de se procurer aucun livre. Il ne voyoit pas d'autre figure humaine que celle de son geolier qui, chaque jour, venoit lui passer par un trou, une modique portion de pain et de vin. »

Le conducteur ajouta qu'il y avoit vu un Français qui, après un séjour de trois ans dans cet affreux cachot, recouvra enfin sa liberté.

« Quant aux chambres souterraines, dit le conducteur, elles sont si nombreuses, que nous-mêmes ne les connoissons pas toutes. Il y a des cachots appelés oubliettes, où l'on renfermoit jadis les malfaiteurs coupables de crimes atroces. On leur donnoit un pain et une bouteille de vin; ensuite on les oublioit tout à fait, et on les laissoit périr de faim, sous ces voûtes horribles et ténébreuses. Mais il y a plus de deux cents ans que l'on n'a infligé un châtiment aussi cruel. »

Le trésor étoit rempli d'une multitude d'objets précieux et de reliques. On y voyoit une belle tête de Charles VI, roi de France, sculptée sur un morceau de cristal; il y existoit un énorme bénitier d'or massif, donné par Richard II, duc de Normandie, à l'époque où il fonda l'abbaye.

Au milieu du chœur étoit une grosse pierre, pesant au moins dix livres, que l'on disoit être tombée, au siége de Besançon, sur la tête de Louis XI, sans le blesser. On la conservoit en mémoire de ce miracle.

Le roi Louis XV réduisit de beaucoup les revenus de cette abbaye, il diminua en même temps le nombre des moines. Du temps du voyage de M. Wraxall, les appartements étoient occupés par des prisonniers que l'on avoit enfermés en vertu de lettres de cachet. On leur donnoit une nourriture suffisante; mais on éloignoit d'eux les couteaux et les fourchettes, de peur que quelques-uns d'entre eux ne se suicidassent, pour échapper aux horreurs d'une aussi longue détention. Il n'étoit permis à personne de pénétrer dans les bâtiments qu'ils occupoient; ils ne pouvoient converser avec qui que ce fût.

L'évasion d'une prison semblable paroît être impossible, cependant, peu de temps avant le voyage de M. Wraxall, un particulier qui y avoit été détenu pendant dix mois, parvint à s'échapper. On lui fit voir l'endroit par où le prisonnier se laissa glisser, à l'aide d'une corde ; le rocher a, dans ce lieu, près de cent pieds d'élévation perpendiculaire. Le prisonnier profita du flux, pour traverser les sables mouvants ; on suppose qu'il s'est embarqué de suite soit pour Jersey, soit pour l'Angleterre, car on n'en a reçu depuis aucune nouvelle.

Il y avoit aussi sur le mont Saint-Michel un hôpital de fous. Quelques-uns de ces malheureux étoient, dit M. Wraxall, d'un rang distingué. Notre voyageur fut accosté dans le cloître, par un homme dont les manières étoient fort polies. Il paroissoit avoir environ cinquante ans : à sa boutonnière pendoit une croix de Saint-Michel, qu'il avoit bizarrement ornée de divers rubans. Sa figure, quoique blême et décharnée, étoit noble et intéressante. Ses cheveux noirs et gris flottoient sur ses épaules. Toute sa personne annonçoit des traces de dignité. C'étoit un gentilhomme breton, que l'on a tenu vingt-cinq ans renfermé. Son esprit étoit aliéné, mais cet infortuné ne faisoit de mal à personne. Il avoit tout l'extérieur d'un homme bien élevé.

Il se rendoit encore, à cette époque, huit à dix mille pélerins, par an, au mont Saint-Michel. La plupart étoient des paysans, mais il se trouvoit parmi eux quelques gentilshommes des pays voisins.

Au pied de la montagne, et sur le bord de la mer, il y a un beau puits d'eau douce. Mais, de peur que l'ennemi ne s'en empare, on a imaginé de creuser des citernes dans le roc vif. Il y tient plusieurs centaines de tonnes d'eau. Ce seroit une insigne folie que de faire le siége de ce rocher. Une garnison de cent hommes peut s'y défendre contre dix mille assaillants, et d'ailleurs une telle conquête ne seroit pas d'une grande utilité.

La ville du mont Saint-Michel n'est pas moins curieuse que la montagne. Notre auteur n'y a pas vu une seule maison qui lui parût postérieure au règne de Louis XI.

En 1090, Robert, duc de Normandie, et Guillaume le Roux, roi d'Angleterre, l'un et l'autre fils du fameux Guillaume le Conquérant, tinrent, pendant un temps considérable, leur frère Henri, assiégé dans le mont Saint-Michel. Jamais ce prince n'eût été contraint, de vive force, à se rendre, mais ses provisions d'eau étant épuisées, il se préparoit déjà à capituler, lorsque Robert, dont le caractère étoit marqué au coin de la bienveillance et de la générosité, lui envoya quelques tonneaux de vin. Ce secours mit le prince Henri en état de résister. Guillaume le Roux reprocha amèrement à Robert, ce qu'il appeloit sa foiblesse. « Hé quoi ! reprit celui-ci, souffrirons-nous que notre frère meure de soif? »

Et quelle fut la récompense dont Henri paya un procédé aussi magnanime? Favorisé à son tour par la fortune, ce monstre fit incarcérer Robert, pendant vingt ans, dans un cachot du château de Cardiff, où il mourut.

M. Wraxall, ayant ainsi satisfait sa curiosité, retourna à Granville. Cette ville, située sur un promontoire, n'est pas très-petite, mais les bâtiments sont dispersés et rangés irrégulièrement. Il n'y a point de port à Granville, mais une digue qui sert à rompre les flots de la mer.

La ville d'Avranches est très-petite. La cathédrale est le seul édifice qui s'y fasse remarquer. Henri II, roi d'Angleterre, y reçut, en 1172, l'absolution du nonce du pape, pour le meurtre de saint Thomas-à-Becket. La pierre sur laquelle ce monarque s'agenouilla existe encore : elle a trente pouces de longueur et douze de largeur. Elle est devant la porte septentrionale. On y a gravé un calice, en mémoire de cet événement.

La Normandie étoit une des plus considérables et des plus riches provinces de la France. Son territoire a soixante lieues de longueur, et plus de quarante dans sa plus grande largeur; il a quatre-vingt lieues de côtes. Il produit toutes sortes de grains ; on y élève des bestiaux en quantité, et sur-tout d'excellents chevaux.

La culture des pommiers est une des plus productives de cette contrée. Les fruits n'en sont pas exquis au goût, mais, écrasés sous le pressoir, ils fournissent d'excellent cidre qui supplée au jus de la vigne, dont la nature a privé ces cantons.

Les villageoises, sur-tout celles du pays de Caux, sont, la plupart, d'une tournure agréable. Elles ont une mise et une coiffure particulières. Ceux de mes jeunes lecteurs qui habitent Paris ont souvent vu des Cauchoises dans les promenades. L'habillement de celles qui sont riches est on ne peut plus élégant. Elles relèvent artistement leurs cheveux sur le sommet de la tête, et les recouvrent d'une petite toque de drap d'or ou d'argent ; par-dessus cette toque est un grand voile de linon, bordé d'une large et précieuse dentelle. Le reste de leur vêtement correspond à cette coiffure ; mais les pauvres paysannes ont tout simplement un voile sans dentelles, quoique disposé à peu près de la même manière.

C'est sur-tout à Bolbec que cette mode est la plus répandue ; Caudebec est la principale ville du pays de Caux. A deux lieues de Caudebec est le bourg d'Yvetot, dont le petit territoire portoit le titre pompeux de royaume.

Voici, dit-on, quelle en fut l'origine.

Le roi Clothaire Ier, ayant assassiné lui-même, dans l'église et le jour du vendredi saint, Gaulthier, seigneur d'Yvetot, fut obligé de faire une expiation et une pénitence publique de ce meurtre. Pour indemniser les héritiers de Gaulthier, il érigea cette seigneurie en royaume. Dans le quatorzième siècle, les seigneurs du pays prenoient le titre de *sires d'Yvetot, par la grace de Dieu.* Cette qualification fut reconnue par Louis XI; il donna à l'un de ces rois d'Yvetot une compagnie dans ses gardes. Mais, long-temps avant la révolution, les successeurs de Gaulthier avoient reconnu l'extrême ridicule de ce titre, et y avoient à peu près renoncé.

Le bourg des Andelys, sur les bords

de la Seine, est la patrie de *Nicolas Poussin*, l'un des plus grands peintres qu'ait produits la France.

Dans l'ancienne abbaye de Jumiel, près Rouen, l'on voyoit naguère des tombeaux curieux; l'un qui renfermoit le cœur et les entrailles d'Agnès Sorel; l'autre où l'on suppose que furent déposés les corps des deux fils de Clovis II, morts dans cette abbaye. On sait que ces deux princes ayant eu le malheur de se révolter contre leur père, furent *énervés*, c'est-à-dire, qu'on leur coupa le jarret (supplice en usage dans ce temps-là.) On les mit ensuite dans un bateau, sur la Seine, qui les conduisit à Jumiége, où les moines les recueillirent.

Caen est une grande et belle ville, peuplée de cinquante mille ames: sa forme ressemble à celle d'un fer à cheval. Le département dont elle est le chef-lieu a pris le nom de Calvados, de celui d'un rocher, d'une grande étendue, qui embarrasse la navigation sur ces côtes, mais aussi qui favorise singulièrement la pêche.

Rouen étoit la capitale de toute la Normandie. La Seine y est d'une largeur superbe. On voit encore quelques vestiges du palais qui fut commencé en 1419, par Henri V, roi d'Angleterre, et terminé en 1445, par son malheureux fils, Henri VI, qui, ayant été couronné roi d'Angleterre et de France, perdit l'un et l'autre royaume. Non loin de là est une tour où le duc de Bedford fit enfermer Jeanne d'Arc, la pucelle d'Orléans, quelque temps avant de lui faire son procès. On a élevé une statue sur le lieu où cette héroïne subit la plus injuste et en même temps la plus absurde des condamnations, puisqu'on ne l'accusoit pas de s'être révoltée contre le prince que les Anglais étoient fondés à regarder comme le souverain légitime, mais de sortilége et de maléfices. On y a gravé cette inscription sublime :

> Exuit flammis quod mortale,
> Superest gloria numquam moritura.

« Les flammes ont dévoré ses dépouilles mortelles, mais sa gloire ne mourra jamais. »

Mathilde, duchesse de Normandie, épouse de Guillaume le Conquérant, roi d'Angleterre, aimoit beaucoup le séjour de Rouen. Elle y avoit fait construire, sur la Seine, un pont de bois, dont on voit encore les ruines, mais qui, depuis long-temps avoit cessé d'être praticable.

Le pont de bateaux qu'on admire encore de nos jours à Rouen, a été construit en 1626. Il est construit sur dix-neuf barques; son plancher hausse et baisse, au gré de la marée. On le démonte dans le temps des glaces, afin de prévenir les désastres d'une débâcle.

L'entrepôt du sel, sur les bords de la rivière, est un des plus beaux bâtiments de la ville. La cathédrale a été bâtie du temps de Guillaume le Conquérant, et terminée en 1063. On y voit la tombe de *Rollo*, le Danois, l'auteur de la race des ducs de Normandie, qui ont occupé le trône d'Angleterre.[1]

M. Wraxall reproche à Rouen de n'être pas une belle ville, malgré tous les avantages dont elle jouit. Les rues sont tortueuses et sales; les bâtiments irréguliers et gothiques. Les environs

[1] Le roi actuel de la Grande-Bretagne peut se regarder comme descendant du roi Guillaume le Conquérant; car les princes de la maison de Hanovre étoient héritiers des Stuarts du côté des femmes. Les guerres intestines qui, tant de fois, ont fait changer de possesseurs la couronne d'Angleterre, n'ont fait que la placer dans diverses branches de la même souche originaire. (*Note du Traducteur.*)

en sont délicieux et couverts de jolies maisons de campagne ; sur-tout sur les hauteurs qui dominent la Seine. La population de Rouen se monte à plus de quatre-vingt mille ames. Cette cité se glorifie d'être la patrie de l'historien Basnage, du savant Samuel Bochard, de Pierre et de Thomas Corneille, de Fontenelle leur neveu, du père Daniel et du peintre Jouvenet.

Une des curiosités du pays est l'écho de Genetay, qui répète plusieurs fois la voix en différents sens, et avec des modifications surprenantes.

CHAPITRE II.

Arrivée du voyageur à Saint-Malo, à Nantes et à Brest. Description de divers lieux de la Bretagne.

Notre voyageur, ayant quitté la Normandie, se rendit à Dol en Bretagne. Cette ville est fort intéressante pour les amateurs de l'antiquité. A l'exception du palais épiscopal, qui est un édifice élégant et moderne, il n'y a pas dans l'intérieur des murailles une seule maison qui ne semble avoir été bâtie dans les siècles les plus barbares. Les fortifications sont dans le même genre.

On étoit alors dans l'automne. M. Wraxall profita d'une belle soirée, pour aller voir, à une demi-lieue de la ville, un singulier objet de curiosité. Il existe, au milieu d'un verger considérable, une pierre isolée qui a quarante à cinquante pieds de hauteur, et près de quatre-vingts de circuit vers sa base. On l'appelle, sans trop savoir pourquoi, la *pierre du champ de lamentation*. Aucune autorité incontestable n'indique l'origine de cette pierre, mais on a fabriqué, à ce sujet, une foule de versions absurdes ou contradictoires. Notre auteur eut le plaisir d'en converser avec le propriétaire du terrain. Cette personne lui dit que l'opinion la plus accréditée étoit que Jules César avoit posé cette espèce de trophée, après une bataille sanglante, gagnée contre les habitants de l'Armorique (l'ancienne Bretagne). Les paysans sont persuadés que le diable l'a apportée en cet endroit, dans un de ses moments perdus. Mais, ajouta cet homme, qui paroissoit fort instruit, j'ai moi-même fait creuser la terre tout autour, à quarante pieds de distance.

J'ai reconnu que c'étoit une pointe de rocher adhérente à un énorme massif de la même matière. Cette simple circonstance détruit tout le merveilleux.

Le lendemain, notre auteur se rendit à Saint-Malo. La citadelle de cette ville maritime a été bâtie par ordre d'Anne de Bretagne, qui réunit ce duché à la couronne de France, en 1489, par son mariage avec Charles VIII. L'ingénieur chargé de diriger les constructions demanda à cette princesse sur quel modèle il falloit en dresser le plan. Prenez, lui dit-elle, mon carrosse pour modèle. En effet, l'architecte adopta cette idée. Un large bâtiment carré figure la caisse d'un carrosse; deux petites tours placées en avant, en figurent l'avant-train et les petites roues; deux autres plus larges représentent les grandes roues. Une saillie en avant tient lieu de la flèche ; une niche arquée par derrière, correspond à la plate-forme sur laquelle se placent les laquais.

Anne de Bretagne, jugeant elle-même que la postérité, et même ses contemporains trop sincères pourroient l'accuser de folie, a prouvé combien peu elle étoit sensible à l'opinion publique, en faisant graver l'inscription suivante sur une des faces du château :

Qui que gronde, tel est mon plaisir.

La ville de Saint-Malo est sur une chaussée réunie à la terre ferme. L'ancienne ville et l'ancien évêché sont à une demi-lieue de là sur le continent même. En 1172, l'évêque Jean de la Grille fixa son séjour dans la petite île de Saint-Aaron, et jeta les fondements de la cité actuelle.

Les maisons de Saint-Malo sont hautes et élégantes ; mais les rues en sont étroites, sales et mal pavées.

La ville de Saint-Malo a été long-temps gardée par des chiens. On les lâchoit, pendant la nuit, autour du château, et on les faisoit rentrer le matin. Cette mesure avoit d'abord été imaginée pour préserver la ville contre des surprises, mais elle servoit plus efficacement encore à arrêter les contrebandiers. Elle étoit cependant sujette à tant d'inconvénients que l'on a fini par l'abolir.

En 1633, les Anglais bombardèrent Saint-Malo, et firent éclater dans le port une machine infernale. C'étoit un gros vaisseau rempli d'artifices et de matières combustibles. Il fut heureusement mal dirigé, et échoua contre un rocher. On y mit le feu, et il éclata avec un bruit épouvantable. Les maisons de la ville furent ébranlées, les vitres cassées, et la terre trembla, à trois lieues à la ronde. On montre encore, à Saint-Malo, des gouttières sur lesquelles on trouva les cadavres de quelques Anglais, que l'explosion de la machine y avoit jetés.

Le 6 septembre, notre auteur partit de Saint-Malo, et passa la nuit à Hedé, petite ville située sur la cime d'une montagne qui domine une plaine étendue. Le lendemain matin, il arriva à Rennes.

Il passa deux jours dans cette capitale de la Bretagne. Les états de la province s'y réunissoient. C'étoit le seul lustre que reçut cette ville qui, faute de commerce, est triste et pauvre. Quelques-unes des principales rues ne laissent pas d'être belles, parce qu'un affreux incendie, arrivé en 1720, réduisit presque toute la ville en cendres, et força d'en rebâtir les édifices sur un plan régulier.

C'est une chose assez digne de l'observation des philosophes que l'insouciance avec laquelle on bâtissoit autrefois les villes. Ce n'étoient que des cloaques infects. De nos jours, au contraire, on aligne et on élargit les rues, on cherche à donner plus d'uniformité aux bâtiments. Cependant on construit rarement de ces édifices somptueux, de ces palais, de ces châteaux, de ces temples, par lesquels nos rois des deux premières races et les principaux seigneurs de leur temps se plaisoient à attester leur magnificence. L'art de la guerre devenu plus dispendieux, les finances devenues la branche la plus difficile et la plus compliquée de l'administration, n'ont pas permis de détourner, pour de tels usages, les canaux des revenus publics. Les seuls monuments qu'on ait élevés, ce sont des ponts, des quais, des chaussées, des grandes routes, objets d'utilité publique, il est vrai, objets indispensables aux communications du commerce, mais moins apparents peut-être que les palais et les temples.

Rennes est située sur la petite rivière de Vilaine, qui a donné son nom au département d'Ille-et-Vilaine, dont cette ville est le chef-lieu. Autrefois les fortifications en étoient considérables : aujourd'hui elles sont en ruines, et les fossés sont presque comblés. Le siége de cette ville par Edouard III, roi d'Angleterre, est fort célèbre dans l'histoire. Les armées anglaise et bretonne se montoient à quarante mille hommes. Cependant, après six mois de siége, il fut contraint à le lever.

M. Wraxall, arrivé à Nantes, visita cette jolie ville, dont la situation n'est pas moins avantageuse qu'agréable ; on l'a bâtie sur la pente douce d'une montagne, qui touche par sa base à la rive de la Loire. Vis-à-vis la ville, cette belle rivière se divise en plusieurs petites îles, dont quelques-unes sont couvertes de maisons élégantes. Le grand quai a près d'une demi-lieue de long; les maisons qui le bordent sont d'une architecture simple, mais noble, et ont été, pour la plupart, élevées depuis la paix de 1763. Comme le commerce de cette ville prenoit alors un accroissement continuel, on travailloit sans cesse à l'embellir.

La Loire est néanmoins très-basse à Nantes. On y apporte, sur de gros bateaux à fond plat, des marchandises de Paimbeuf, qui en est éloigné de neuf lieues.

C'est à l'extrémité orientale de cette ville qu'est le château, où les anciens ducs de Bretagne faisoient leur résidence. Il fut bâti en l'an 1000, mais le duc de Mercœur qui, durant les longues guerres de la ligue, obtint une grande autorité dans cette province, y fit des agrandissements considérables. Dans la chapelle de ce château, Anne de Bretagne, veuve de Charles VIII, épousa Louis XII, en secondes noces, et, par ce nouvel hyménée, confirma la réunion de cette province à la couronne.

On y fait voir la chambre dans laquelle fut renfermé le célèbre cardinal de Retz, par ordre d'Anne d'Autriche, mère de Louis XIV. Il s'en évada, en descendant par une corde, dans un bateau qui l'attendoit sur la Loire.

Les tombeaux des anciens ducs de Bretagne sont, pour la plupart, des chefs-d'œuvres de sculpture.

Nantes étoit autrefois, comme toutes les grandes villes de l'Europe, entourée de bonnes fortifications. Le pont est un objet très-curieux. Il a près d'une demi-lieue de long, il traverse toutes les îles de cette partie de la Loire, du nord au sud. Deux autres petites rivières arrosent encore cette cité. M. Wraxall remonta celle d'Erdre, dans l'espace de deux lieues environ, jusqu'au château d'un gentilhomme, chez qui il devoit dîner. Le Méandre, si célèbre dans la mythologie grecque, est à peine comparable en beauté à la rivière d'Erdre. Elle passe entre des côteaux plantés de châtaigniers, de peupliers et de chênes, de vignobles, de vergers, et parsemés de maisons de plaisance.

La Bretagne n'est ni aussi fertile, ni aussi bien cultivée que la province de Normandie. L'intérieur des terres est un pays découvert et salubre, mais, sur les côtes, la population est plus grande et le sol plus riche. Près de Nantes, dans le pays de Retz, on fait un vin foible et aigre, connu sous le nom de *vin nantais*.

L'origine de Nantes est incertaine, et remonte à la plus haute antiquité.

Divers monuments des Romains attestent que ces maîtres du monde y avoient un établissement d'une haute importance.

Notre voyageur y a vu un monument fort singulier. Près d'un pont qui traverse la Loire, et qu'on appelle *pont de la Belle Croix*, il y a une pierre fixée dans la muraille, et l'on y voit les vestiges presque effacés d'une inscription. On l'a placée en cet endroit, pour indiquer la place où Gilles, maréchal de Retz, fut brûlé vif, sous le règne de Charles VII. Ce gentilhomme fut condamné à mort, et exécuté, pour des crimes d'une nature si révoltante et si atroce, que l'indication seule en feroit frémir. Jamais on ne les a divulgués. On a enseveli cette affaire dans l'ombre d'un mystère impénétrable. M. Wraxall a appris que l'on conservoit, dans les archives de la ville, toutes les pièces du procès, mais qu'on ne les avoit jamais ouvertes, par les mêmes motifs d'horreur et de précaution. Le peu qui en est parvenu aux oreilles de M. Wraxall lui a paru invraisemblable. Il est probable qu'à défaut de détails authentiques, l'imagination des gens du pays aura controuvé beaucoup de fictions.

Les autres grandes villes de la Bretagne sont Brest, Vannes et le port de Lorient.

Les environs de Brest ont un aspect sauvage et stérile, mais la rade de ce port est une des plus belles du monde; elle peut contenir aisément cinq cents vaisseaux de guerre. Le port est magnifique, et, comme on n'y entre que par un canal fort étroit, non seulement il est à l'abri du bombardement, mais l'ennemi ne peut voir ce qui s'y passe.

Le château de Berteaume est assis sur deux pointes de rocher, baignées de tous côtés par la mer. On y grimpe difficilement, à l'aide d'escaliers et d'échelles presque perpendiculaires.

Les deux pointes du rocher ont, entre elles, un singulier moyen de communication. Elle se fait par un bateau volant qui glisse sur deux cordes. On voyage en l'air, ayant la mer à plusieurs centaines de toises au-dessous de soi. Mais ce trajet est plus effrayant qu'il n'est dangereux.

Les habitants de l'île d'Ouessant ont beaucoup d'usages qui attestent l'antiquité la plus reculée. Il n'y a pas long-temps qu'ils avoient, des idoles de pierres, représentant plusieurs divinités païennes.

On assure que les mariages s'y concluent d'une manière fort originale. Ce sont les filles qui vont demander les garçons, et qui font toutes les avances. Le jeune homme se couche, et la fille, accompagnée de ses parents, va le trouver. Elle porte avec elle du pain, du vin, un morceau de lard et d'autres comestibles. Si le jeune homme consent à l'épouser, il accepte la collation, et le mariage est bientôt conclu. Si la fille lui déplaît, il le témoigne clairement, en refusant ce qu'elle lui apporte.

Ces habitants sont d'ailleurs de la plus stupide ignorance. Ils font cuire leur pain sous la cendre, à la manière des anciens Hébreux.

CHAPITRE III.

Description de Fontenay-le-Comte, Poitiers, Loudun et autres lieux de l'ancienne province de Poitou. Origine du théâtre français. Histoire de la possession des religieuses de Loudun, et du supplice d'Urbain Grandier.

Le 16 septembre, M. Wraxall coucha à Aigrefeuille, et alla déjeûner, le lendemain matin, à Montagne, ville du Poitou, et patrie de Michel Montaigne. Il arriva à Moreille, après le soleil couché. Il reçut une généreuse hospitalité dans le couvent de cette ville.

Le 18, il arriva à Marans, misérable ville, sur la rivière de Sèvres, qui sépare le Poitou du pays d'Aunis.

Mais, avant de passer avec notre voyageur dans cette dernière province, nous allons puiser, dans d'autres sources, quelques renseignements qui concernent le Poitou.

Cette ancienne province est au sud de la Bretagne, de l'Anjou et de la Touraine, à l'ouest du Berry. Son territoire a été partagé entre les départements de la Vendée, des Deux-Sèvres et de la Vienne. Elle est fertile en blé, et nourrit beaucoup de bestiaux. On y trouve une multitude de vipères, dont une grande partie s'exporte à Venise, pour la fabrication de la thériaque.

La partie de la Vendée qu'on appelle le *Bocage*, est fertile en seigle, en orge, en sarrasin et en gras pâturages. Les prairies, les bois et les plaines sont entrecoupés de manière à produire les sites les plus charmants. C'est dans la partie dite le *Marais* que croît le plus beau froment de la France. On y cultive le lin avec succès. Il n'est presque point de famille de villageois qui n'en recueille une certaine quantité, et ne la file pour son usage.

Fontenay-le-Comte, chef-lieu du département, est la patrie du célèbre jurisconsulte André Tiraqueau, dont on a dit fort plaisamment, qu'il donnoit, tous les ans, un enfant et un livre à l'état; de Nicolas Rapin, dont les épigrammes latines sont fort estimées, et qui eut beaucoup de part à la rédaction de la satire Ménippée, du temps de la ligue; du président Brisson, savant magistrat, qui étoit membre du parlement de Paris, lors du siége de cette ville par Henri IV. Il fut pendu par ordre des ligueurs, pour s'être opposé à leurs entreprises audacieuses et insensées.

La ville de Lusignan est une ville assez commerçante, mais plus fameuse dans le pays, par les merveilles qui, si l'on en croit les bonnes gens, se passoient dans son château, construit, dit-on, par la fée *Mélusine*.

Les fortifications de Poitiers ont été, dit-on, construites par les Romains, mais, au goût gothique de leur architecture, il est facile de reconnoître qu'elles sont beaucoup plus modernes.

On y voit cependant encore les restes d'un amphithéâtre, qui y fut bâti par ces maîtres du monde, et les restes du palais de l'empereur Gallien.

En 1356, les environs de Poitiers furent le théâtre de la bataille désastreuse, où le roi Jean fut pris, et où les Français, infiniment supérieurs en nombre, furent vaincus par une poignée d'Anglais réduits au désespoir, et dont la perte sembloit inévitable.

La fleur de la noblesse française périt dans cette action. Les chevaliers français furent enterrés dans des tombes particulières, que l'on trouve encore en grand nombre dans les cimetières et dans les jardins des couvents des cordeliers et des dominicains.

L'horloge de l'hôtel de ville a été construite en 1448, sous la mairie de Thomas Boislève. Ce fait est attesté par une inscription que nous croyons devoir citer, afin de donner une idée du langage naïf de ce temps-là.

Qui ce horloge fit faire
Est Thomas Boislève, lou maire,
A cause que les pauvres geans
Ne savoient à quel heure ils digniant.

Poitiers peut se glorifier d'être la patrie de la tragédie française. C'est dans cette ville que l'on représenta, avec un certain éclat, les premiers mystères qui furent écrits en vers. Jean Blanchet, homme d'esprit, de cette ville, et Jean Bouchet, le meilleur historien du Poitou, composèrent plusieurs de ces pièces ; ce dernier y joua lui-même des rôles.

« La seule nomenclature, dit M. de la Harpe, des auteurs des *mystères* et des *moralités*, est presque aussi nombreuse que celle de nos poètes dramatiques depuis Corneille. Je remarquerai seulement qu'il n'est pas étonnant que nos livres saints aient fourni la matière de toutes ces productions informes : c'étoient les objets les plus familiers au peuple, qui ne lisoit point ; et, dans un temps où les connoissances étoient aussi rares que les livres, la multitude aimoit à retrouver au spectacle les mêmes sujets qui l'édifioient à l'église.

« Le diable jouoit ordinairement un grand rôle dans ces représentations grossièrement mystiques, tel qu'il le joue encore dans les *autos sacramentales*, ou *actes sacramentaux* du théâtre espagnol. Il n'est que trop facile de s'égayer sur ces productions des temps d'ignorance et de grossièreté ; mais il ne faut, en ce genre, employer le ridicule qu'au profit de l'instruction, et nous n'avons rien à gagner ici à nous moquer de nos pères. Les auteurs pouvoient-ils en savoir davantage, quand les spectateurs ne savoient pas lire ? »

C'est vers le commencement du seizième siècle, que nous avons essayé de marcher avec des lisières. Jodelle, notre premier poète, qui ait composé des tragédies régulières, voulut, sans prendre ses sujets chez les Grecs, traiter, à leur manière, ceux de *Cléopâtre* et de *Didon ;* il imita leurs prologues et leurs chœurs ; mais il n'avoit aucune étincelle de leur génie, aucune idée de la contexture dramatique : tout se passe en déclamations et en récit. Le style est un mélange de la barbarie de Ronsard et des froids jeux de mots que les Italiens avoient mis à la mode en France. Cependant sa Cléopâtre eut une grande réputation. La difficulté étoit de la représenter. Les *confrères de la Passion* et les *bazochiens*, alors en possession des spectacles privilégiés, étoient bien éloignés de se prêter à établir un genre de pièces qu'ils regardoient comme étranger, et qui pouvoit nuire à leurs tréteaux. Dans ces circonstances, Jodelle reçut des gens de lettres ses confrères et ses rivaux, une marque de zèle aussi honorable pour eux que pour lui.

Jean de la Péruse, Remi Belleau et quelques autres poètes se réunirent avec l'auteur de Cléopâtre, pour jouer sa pièce au collége de Rheims, (à Paris, rue des Amandiers) devant Henri II et toute sa cour. Jodelle, qui étoit jeune et d'une figure agréable, se chargea du rôle de la reine d'Egypte. Cette représentation eut beaucoup de succès, et ce fut un événement assez considérable, pour que Pasquier en fit mention dans ses Recherches Historiques.

Cependant les confrères de la Passion, à qui le parlement avoit défendu de jouer davantage les mystères de notre religion, et qui avoient pris le nom de comédiens de l'hôtel de Bourgogne, voyant le succès qu'avoient eu les pièces de Jodelle, consentirent à les jouer, et attirèrent la foule dans leur salle ; en sorte que du moins, sous ce rapport, il peut être regardé comme le fondateur du théâtre français.

Charles VII, durant ses guerres contre les Anglais, transféra le parlement de Paris à Poitiers, et y fit long-temps sa résidence : il y fonda, en 1431, une université de droit, qui devint célèbre, et subsista avec éclat jusqu'à la révolution.

Entre autres hommes célèbres, dont cette cité fut la patrie, nous citerons Jean de la Quintinie, qui a véritablement créé en France l'art de cultiver les jardins.

Loudun, à douze lieues de Poitiers, est célèbre par la prétendue possession des ursulines de cette ville, et par le supplice cruel d'Urbain Grandier, curé de Loudun, que l'on accusa de les avoir ensorcelées. On dit que ce procès lui fut suscité par le cardinal de Richelieu, qui vouloit s'en venger. Mais il est difficile de concevoir comment, dans un siècle aussi éclairé que l'étoit celui de Louis XIII, dans un pays où il y avoit beaucoup d'esprits forts et de protestants prêts à révoquer en doute de semblables prestiges, à en approfondir l'origine, on ait pu accréditer de semblables absurdités; et comment Richelieu, s'il n'a pas craint que l'on ne dessillât les yeux à ses contemporains, n'a pas redouté au moins le blâme de la postérité.

CHAPITRE IV.

Description de la Rochelle ; siéges mémorables soutenus par cette ville. Arrivée de M. Wraxall à Rochefort et à Saintes. Description de divers lieux de l'Aunis et de la Saintonge. Description de Bordeaux, d'Agen et de Lectoure. Histoire touchante du maréchal de Montmorency.

LA dernière ville où nous avons laissé notre voyageur est celle de Marans. Il y a sept lieues de là à la Rochelle. Cette ville, si fameuse dans les seizième et dix-septième siècles, fut, dans ce temps, le refuge des protestants, et leur dernier retranchement contre l'autorité royale. Elle jouit encore de quelque commerce, et d'une assez grande population, mais son ançien lustre s'est considérablement affoibli.

Le port qui ne pourroit recevoir de gros vaisseaux, est cependant bien situé pour le commerce. A l'entrée, sont deux tours gothiques, en ruines, qui étoient autrefois utiles pour la protection de la ville et du port. Au-delà de ces tours est un port extérieur, et plus loin, la rade qui est abritée par les îles de Rhé, d'Oleron et d'Aix.

La Rochelle ne paroît point remonter à une haute antiquité. C'étoit, dans l'origine, un petit groupe de cabanes de pêcheurs.

La religion réformée, qui s'introduisit en France, vers 1540, y reçut un accueil très-favorable. Sous le règne de Charles IX, cette ville devint le plus redoutable asile des huguenots. Le massacre de la Saint-Barthélemy fut presque aussitôt suivi du mémorable siége de la Rochelle, qui commença en novembre 1572, et fut levé au mois de juin de l'année suivante.

L'enthousiasme soutint le courage des assiégés, et le duc d'Anjou, qui régna depuis, sous le nom de Henri III, général de l'armée royale, fut trop heureux de trouver un prétexte dans son élévation à la couronne de Pologne, pour faire retirer ses troupes harassées, après avoir perdu vingt-deux mille hommes devant cette place.

Cet éclatant succès de leurs ancêtres fut sans doute ce qui inspira aux Rochelois le projet de résister, en 1627, à l'autorité de Louis XIII; mais le génie entreprenant du cardinal de Richelieu triompha de tous les obstacles. Après avoir fermé aux assiégés tout espoir de secours par terre et par mer, et avoir bloqué la place pendant trois mois, il la contraignit de capituler. Les malheurs que la garnison et les bourgeois eurent à souffrir de la famine ne peuvent être comparés qu'à ceux qu'éprouva Jérusalem assiégée par Titus. Ce furent là les derniers efforts du parti protestant.

M. Wraxall a visité la fameuse digue élevée par Richelieu, pour empêcher les vaisseaux anglais d'entrer dans le port. On la voit encore à la basse mer : notre auteur y parcourut un espace de trois cents pieds. Elle s'étend d'un côté du port à l'autre, dans une longueur d'un quart de lieue. Sa largeur est de plus de cent cinquante pieds. Il n'est point de travaux de l'art qui excitent plus d'admiration que ce chef-d'œuvre, dans la construction duquel Richelieu eut à lutter non seulement contre le courroux des flots de la mer, mais contre le canon du port

..

et des batteries. L'architecte, Pompée Targon, y laissa une ouverture de deux cents pieds, par laquelle les vaisseaux pouvoient s'introduire dans la place. On la fermoit, à l'aide d'une chaîne de fer. On érigea, de chaque côté, deux tours, dont on ne voit plus de traces. Le duc de Buckingham et le comte de Lindsey, envoyés successivement d'Angleterre, à la tête d'une flotte nombreuse, pour secourir la Rochelle, n'osèrent point attaquer cette formidable barrière. Ils furent contraints de se retirer, et d'abandonner la place à ses propres forces.

De l'extrémité septentrionale du port, on apperçoit les trois îles de Rhé, d'Oleron et d'Aix. Le duc de Buckingham débarqua dans la première, et attaqua la citadelle de Saint-Martin, mais il en fut repoussé, avec perte de huit mille hommes. Cette petite île, qui a six lieues de long, est séparée du continent par un canal d'une lieue de largeur. Elle est peuplée de vingt mille ames, et est mieux cultivée que la plus belle province de France.

L'île d'Oleron, au contraire, qui a en étendue le double de celle de Rhé, n'a pas la moitié de sa population, et n'est pas, à beaucoup près, aussi riche. Ce contraste tient particulièrement à ce que les douanes et les autres bureaux du fisc sont dans l'île d'Oleron, et que l'île de Rhé est exempte de toute espèce de vexations.

Lors du premier siége, la population de la Rochelle se montoit à soixante-douze mille ames ; elle en perdit vingt mille dans le second siége. Il y existe aujourd'hui soixante-dix-huit mille habitants, dont deux mille tout au plus professent la religion protestante. L'animosité religieuse s'y est tout a fait éteinte, pour faire place à l'esprit de tolérance.

Pendant le séjour de notre voyageur à la Rochelle, l'automne étoit superbe; on faisoit, avec activité, les vendanges dans les environs.

Le 21 septembre, il partit de cette ville, et se rendit à Rochefort, qui en est à sept lieues. Il y a environ un siècle, Louis XIV fit construire Rochefort au milieu des marais que l'on dessècha tout exprès. Colbert étoit alors premier ministre, il appeloit cette place la *Ville-d'Or*, à cause des sommes prodigieuses que son maître y avoit dépensées. Le temps a prouvé néanmoins l'utilité de cette entreprise. Le port de Rochefort n'est guère moins avantageux que Brest et Toulon à la marine de France.

Cette ville est placée sur la rivière de Charente, à cinq lieues de son embouchure. Notre voyageur passa plusieurs heures à visiter les magasins et les chantiers. Tout lui parut dans un ordre admirable.

Le nombre des ouvriers habituellement employés à Rochefort est de neuf cents environ, non compris six cents galériens, à qui l'on impose les travaux les plus durs. Ces malfaiteurs sont enchaînés deux à deux, attentivement surveillés, et logés dans un bâtiment qui est au centre des chantiers. On prend les précautions les plus minutieuses pour les empêcher de s'évader; cependant il s'en échappe de temps en temps. Tant l'amour de la liberté est profondément gravé dans le cœur de l'homme, alors même qu'il a abjuré tous les principes d'honneur.

Louis XIV a élevé les fortifications de cette ville, en même temps qu'il en a fait construire les bâtiments, mais on les a négligées, parce que la distance de cette place à la mer en rend l'attaque impossible.

Les rues de Rochefort sont larges et en ligne droite; il est vrai que les maisons, bâties à la hâte et avec parcimonie, ne sont pas toutes de la même beauté.

La province de Saintonge commence à peu de distance de Rochefort. Saintes, qui en est la capitale, possède quelques antiquités curieuses. On voit, dans une vallée profonde, entre deux montagnes et fort près d'un des faubourgs, les ruines d'un amphithéâtre bâti par les Romains. On y avoit élevé un arc de triomphe, en l'honneur de Germanicus, après avoir reçu la nouvelle de sa mort, qui fit tant de sensation dans tout l'empire.

La Charente environne la ville, et quoique cette rivière ne puisse être comparée avec la Loire et le Rhône, en largeur et en profondeur, ses rives ont été néanmoins illustrées par des exploits éclatants.

A Taillebourg, près de son embouchure, saint Louis remporta une victoire signalée contre Henri III, roi d'Angleterre. Ce monarque y défendit presque seul, pendant quelques minutes, le passage d'un pont, contre toute l'armée anglaise.

François Ier, l'un des princes les plus aimables et des plus accomplis qui aient régné sur la France, étoit né en 1494, à Coignac, sur la Charente. A deux lieues de Coignac, est la fameuse plaine de Jarnac, où les protestants furent battus, en 1569, par le duc d'Anjou, depuis Henri III. Le grand Louis, premier prince de Condé, y fut assassiné par Montesquiou.

La ville de Saintes ne contient au surplus rien de bien intéressant pour les voyageurs. La cathédrale en a été plusieurs fois dévastée, soit par les Normands, soit par les huguenots. Mais leur fureur a respecté une tour d'une hauteur prodigieuse qui fut, dit-on, bâtie en l'année 800, par Charlemagne.

M. Wraxall étant parti de Saintes, alla coucher à Pons, et le lendemain il entra dans la province de Guienne. Il arriva, le 4 octobre, à Blaye, sur la rive septentrionale de la Garonne. Il fit embarquer sa voiture, et se rendit par eau à Bordeaux. La Garonne a plus d'une lieue de largeur à Blaye, mais cette largeur diminue d'autant plus qu'on s'approche davantage de Bordeaux.

Entre ces deux villes est l'embouchure de la Dordogne qui, après avoir arrosé le Limousin et le Périgord, vient se jeter dans la Garonne.

La traversée de Blaye à Bordeaux est assez longue. La première vue de cette dernière ville est imposante. Elle ressemble à un croissant qui se développe dans une étendue d'environ une lieue. Les bâtiments situés près des bords du fleuve sont modernes, hauts et fort élégants.

Les étrangers trouvent à Bordeaux toutes sortes d'agréments. Les plaisirs y marchent de front avec le commerce ; le luxe et l'industrie se déploient dans la même enceinte.

Dans les grandes villes où les princes tiennent leurs cours, tout respire la volupté et la dissipation. Les cités commerçantes offrent un aspect tout contraire. L'appât du gain exerce son influence sur le cœur des hommes, et détruit l'empire des passions plus douces.

Mais il n'en est pas de même à Bordeaux. Ses habitants, quoique industrieux, aiment beaucoup le faste. La raison n'en est pas difficile à assigner : de tout temps, il a été dans l'esprit du gouvernement français de favoriser le luxe, plutôt que de le réprimer.

L'ancienne ville de Bordeaux, quoique considérable en étendue, étoit, au commencement du règne de Louis XIV, mal bâtie, horriblement pavée, dangereuse, sans police et dépourvue de tous les réglements nécessaires pour donner de la splendeur à une grande cité. Sa face est entièrement changée depuis trente ans. Les édifices publics sont de l'architecture la plus noble. Les rues nouvellement bâties sont belles et régulières. Les quais, sur les bords de la Garonne, ont plus d'une lieue de longueur. Le fleuve y est beaucoup plus large que ne l'est la Tamise, au pont de Londres. Du côté opposé, de fertiles côteaux, couverts de bois, de vignobles et de maisons de campagne, terminent la perspective.

La beauté de la Garonne, la fertilité des environs, sont sans doute les motifs qui ont déterminé les Romains à jeter les fondements de cette ville.

On y voit encore les ruines d'un vaste amphithéâtre, construit sous le règne de l'empereur Gallien. Il est de briques, comme la plupart des édifices bâtis dans ces temps où l'empire touchoit à sa décadence, où les arts commençoient à décliner.

Durant les irruptions des barbares du Nord, Bordeaux fut, à plusieurs reprises, ravagé, brûlé, et presque entièrement détruit. Cette ville commença à se rétablir sous le règne de Henri II, roi d'Angleterre, qui la réunit à ses domaines, par son mariage avec Eléonore d'Aquitaine.

Edouard IV, dit le prince Noir, reçut de son père Edouard III, la Guienne, la Gascogne et d'autres portions de territoire, en toute souveraineté. Il y amena son illustre captif, Jean, roi de France, après la célèbre bataille de Poitiers, livrée en 1156; il y tint sa cour, et y fixa sa résidence pendant onze années. Le caractère magnanime de ce prince, ses succès constants, ses victoires, sa modestie, son affabilité et ses bienfaits attirèrent à Bordeaux des étrangers de toutes les parties de l'Europe; mais cette splendeur ne tarda pas à dégénérer. Edouard eut le malheur de vivre assez pour éprouver l'ingratitude de ceux qu'il avoit obligés, quoiqu'il soit mort à la fleur de sa vie.

Les environs de Bordeaux, et plus particulièrement le pays de Médoc, produisent un vin qui est recherché dans toutes les contrées du monde.

Notre auteur partit de Bordeaux, le 10 octobre, et prit la route d'Agen. Il suivit la rive méridionale de la Garonne, et traversa cette rivière à

Langon, petite ville agréablement située sur ses rives. Le soir, il s'arrêta à la Réole. Pendant que l'on préparoit son souper, il alla faire un tour de promenade, pour examiner la ville. Le château de la Réole est baigné par les eaux de la Garonne. Catherine de Médicis y séjourna quelque temps, lors de ses voyages dans le midi de la France. Henri IV, alors seulement roi de Navarre, eut, dans cette ville, une entrevue avec elle, et devint éperduement amoureux de mademoiselle d'Aille, l'une des filles d'honneur de la reine.

Le lendemain, notre voyageur dîna à Aiguillon. Le duc d'Aiguillon en avoit alors le château pour prison, après avoir éprouvé toutes les vicissitudes de la fortune. Ministre et favori de Louis XV, ce duc avoit reçu de la cour l'ordre de passer le reste de sa vie, exilé dans son propre château, privé de toute espèce d'autorité, et n'ayant pas même la ressource de voir auprès de lui ces amis fidèles, qui consolent quelquefois les grands dans leurs disgraces.

Dans l'après-dîner, M. Wraxall arriva à Agen, après avoir traversé un pays d'une fertilité extrême. La terre, docile aux travaux des cultivateurs, exige à peine quelques soins, pour fournir en abondance toutes les productions nécessaires à la vie.

Sur le rocher dit de Bellevue, il y a un petit couvent, dont la chapelle et quelques cellules sont taillées dans le roc. On dit que ces appartements sont très-anciens, et qu'ils furent bâtis, il y a plusieurs siècles, par des hermites qui s'y retirèrent, par motif de dévotion et d'austérité. La perspective en est magnifique. De là on découvre le Condômois, l'Agénois et l'Armagnac. Sous ses pieds, on voit la ville d'Agen, et la Garonne qui fertilise de riantes prairies. Il y a dans ce rocher une source qui ne tarit jamais, et que la tradition suppose s'être formée par miracle, il y a plusieurs siècles, à l'intercession d'un des vertueux cénobites qui fondèrent cet hermitage.

Agen est loin d'être une belle ville. Les maisons en sont mal bâties, les rues étroites, tortueuses et sales. Notre auteur n'y a vu qu'un seul bâtiment digne de quelque attention; c'est une chapelle appartenant au couvent des carmélites. Les murs sont peints à fresque, d'une manière exquise, dans le genre appelé *clair-obscur*. Le plafond en est admirable. Il y a au-dessus du maître-autel un tableau qui est aussi un chef-d'œuvre. Il représente une religieuse en adoration devant Jésus-Christ. Le peintre y a déployé une touche plus voluptueuse et plus délicate que celle qui caractérise ordinairement les compositions chrétiennes ; aussi M. Wraxall l'auroit volontiers pris pour un tableau de Jupiter et Sémélé.

Cette ville a été anciennement fortifiée ; les remparts et les tours gothiques qui y existent encore en sont la preuve. Marguerite de Valois, fille de Henri II, et épouse de Henri IV, si fameuse par son esprit et ses aventures galantes, tenoit sa petite cour dans cette ville, pendant les guerres intestines qui déchirèrent la France. L'Agénois fait partie de ce beau territoire qui, en 1360, fut cédé à l'Angleterre, mais que recouvra le roi Charles VII, avec toute la Guyenne.

Notre voyageur, étant parti d'Agen, traversa la Garonne à Layrac. Ce passage ne laisse pas d'être difficile et même périlleux, parce que la rivière est très-rapide, et que son lit est resserré entre deux montagnes. Il s'arrêta quelques heures à Lectoure. On y arrive par une montagne escarpée. M. Wraxall fut obligé de descendre de voiture, et de marcher à pied. Du sommet de cette montagne, il apperçut, pour la première fois, les Pyrénées, à la distance d'environ trente lieues.

Tandis qu'il examinoit d'un œil curieux ces montagnes éloignées, une personne du lieu l'aborda, et, voyant qu'il étoit étranger, elle entra en conversation avec lui, et s'offrit de lui indiquer les objets dignes d'être remarqués.

« Cette ville, dit l'habitant, qui paroissoit fort instruit, étoit une colonie romaine, chef-lieu d'un peuple appelé *Lactorates*. On y a découvert beaucoup de monuments antiques. Une belle fontaine, qui sort d'une montagne près le palais de l'évêché, étoit, si l'on en croit une tradition immémoriale, consacrée à Diane, et cette déesse avoit un temple dans les environs. Dans les temps modernes, Lectoure appartint aux comtes d'Armagnac, grands vassaux de la couronne de France, mais qui, dans leurs domaines, étoient souverains absolus. Le dernier de ces princes, Jean V, fut assassiné dans cette ville : l'histoire en est fort singulière.

« Ce prince régnoit en 1450; Isabelle, la plus jeune de ses sœurs, étoit une princesse accomplie, et d'une rare beauté. Le comte eut le malheur de s'enflammer pour elle d'un amour criminel, et résolut de l'épouser. Leur mariage fut en effet contracté publiquement; mais le pape, indigné de cette union incestueuse, prononça contre les époux une sentence d'excommunication. Charles VII, roi de France, se disposa à rendre plus efficaces encore les foudres du saint-siége, en s'emparant de tous les domaines du comte d'Armagnac. Ce seigneur, abandonné de ses sujets, et ne pouvant résister à la force, s'enfuit à Fontarabie, et emmena sa sœur avec lui.

« Cependant, grace à l'intercession du comte de Foix, il obtint son pardon et la restitution de ses domaines : en conséquence, il retourna à Lectoure, laissant en Espagne l'intéressante et malheureuse Isabelle, qui y mourut dans la plus complète obscurité. Louis XI, dans le desir de réunir un fief si important à la couronne, réveilla les anciennes querelles, il déclara la guerre à Jean d'Armagnac en 1473, et fit marcher contre lui une armée, sous les ordres de Pierre de Beaujeu, son gendre. Le comte Jean se retira à Lectoure, et fut assiégé dans cette place. Après un long siége, il obtint une capitulation honorable, et l'assurance d'être maintenu dans ses possessions. Mais, tandis que l'on se préparoit à signer le traité, et que le comte, plein de confiance dans la générosité du roi, se tenoit peu sur ses gardes, des soldats firent une irruption dans la ville, et assassinèrent le malheureux comte, dans son propre palais. Le roi prit aussitôt possession de ses domaines, comme légitimement échus à la couronne. »

Le bienveillant inconnu, en terminant cette anecdote touchante, conduisit notre voyageur sur la cime de la montagne, et lui fit voir les vestiges d'un antique château.

« C'est là, dit-il, dans cette forteresse, que fut renfermé, en 1632, après la bataille de Castelnaudari, le brave et infortuné maréchal de Montmorency, petit-fils du célèbre connétable de ce nom. Telle étoit l'amabilité de son caractère et l'affection universelle dont il jouissoit; telle étoit aussi la haine que l'on portoit au cardinal de Richelieu, son ennemi, que les dames de la ville imaginèrent un stratagême pour lui rendre la liberté.

« Elles lui envoyèrent en présent un superbe pâté, dans lequel on avoit artistement caché une longue échelle de soie. Il ne perdit pas de temps à faire usage de cet instrument de délivrance. Dès la nuit même, il l'attacha à la croisée de son appartement, fit descendre son valet de chambre le premier, et se prépara à le suivre. Mais, par malheur, le domestique ayant lâché prise, tomba et se cassa la cuisse. Les sentinelles, averties par le bruit de sa chûte et par ses cris, donnèrent l'alarme. On arrêta le maréchal, et on le conduisit à Toulouse, où il fut décapité, à l'âge de trente-sept ans. Le crime de ce guerrier étoit d'avoir embrassé, contre

Louis XIII, le parti de la mère et du frère du roi. »

M. Wraxall, ayant pris congé de son guide, acheva seul ses observations. Lectoure occupe un terrain uni, d'environ une demi-lieue de tour.

CHAPITRE V.

Arrivée du voyageur à Auch. Description de Pau en Béarn. Anecdotes sur Henri IV et ses parents. Description de Bayonne, Toulouse, Castelnaudari et Carcassonne. Canal du Languedoc. Massacres des Albigeois.

M. Wraxall quitta Lectoure, dans l'après-midi, et arriva, le soir, à Auch, qui n'en est qu'à huit lieues. Cette ville est la capitale du pays d'Armagnac, et le chef-lieu du départément du Gers. Elle est sur le sommet et sur les flancs d'une haute montagne. Dans la vallée coule la petite rivière du Gers.

Les habitants d'Auch sont au nombre de six mille. Les bâtiments sont d'un style élégant et moderne, les rues, quoique assez étroites, sont cependant propres et bien pavées.

Au centre de la ville est la cathédrale, qui passe pour une des plus belles de France, tant par sa construction, que par ses décorations intérieures. Les vitraux colorés sont des chefs-d'œuvres, et ne le cèdent qu'à ceux de Gouda, en Hollande. Le revenu de l'archevêque d'Auch étoit considérable : il prenoit le titre de primat d'Aquitaine.

« Le palais de ce prélat, dit notre auteur, est analogue aux revenus dont il jouit. C'est un édifice magnifique. Les appartements en sont meublés avec un luxe qui conviendroit plutôt à un souverain temporel, qu'à un prince de l'église. Je ne pus m'empêcher de sourire, en voyant dans la chambre à coucher de l'archevêque, quantité de reliques, rangées avec art autour d'un lit sur lequel n'auroit pas dédaigné de se reposer le voluptueux Héliogabale. La bibliothèque est considérable; elle est ornée de quelques portraits, parmi lesquels j'ai remarqué celui du cardinal de Polignac, ancien archevêque d'Auch. Toute sa figure porte l'empreinte du génie. »

Aujourd'hui, il n'y a plus à Auch d'archevêché, ni même d'évêché; cette ville est comprise dans le diocèse d'Agen. Auch étoit jadis la capitale de la *Novempopulanie*, ainsi nommée des neuf peuples qui l'habitoient. Elle étoit, par cette raison, partagée en neuf quartiers. Cette cité n'est aujourd'hui agréable et bien bâtie, que parce qu'on a détruit la plus grande partie des anciennes rues qui tomboient en ruines. Dans le moyen âge, on avoit la manie d'entasser les rues et les édifices, sans aucun ordre, sans aucun plan régulier. Aujourd'hui le meilleur moyen d'embellir une ville, c'est d'en démolir les vieux bâtiments.

Le pays, à travers lequel passa notre voyageur, au sud de la Garonne, est plus montueux que celui situé sur la rive septentrionale. Il n'est toutefois ni moins fertile, ni moins agréable. Le vin ordinaire d'Armagnac est assez estimé dans le pays; on y trouve toute sorte de gibier en abondance.

Rabastens est une petite ville par laquelle notre voyageur entra dans la province de Bigorre, qui faisoit partie de l'ancienne Gascogne. Il arriva bientôt à Tarbes, qui en est la capitale. Son intention avoit été de visiter Barége, dont les eaux minérales ont une réputation si étendue; mais sa situation, au milieu des Pyrénées, et l'approche de l'hiver, le détournèrent de ce dessein. Il passa un jour à Bagnères de Bigorre, dont les eaux ne sont guère moins célèbres que celles de Barége. Cette ville est à quatre lieues de Tarbes, au pied des Pyrénées. Dans l'été, il s'y réunit quantité de monde. Rien n'est plus délicieux que les environs de Bagnères.

Dans l'arrière saison, lorsque le feuillage prend ordinairement les teintes livides de l'automne, la campagne y conserve encore tous ses charmes. Les Pyrénées qui s'élèvent au-dessus de la ville, et dont les pics sourcilleux s'égarent dans les nuages, forment l'objet le plus beau que l'on puisse voir. D'un autre côté paroissent de fertiles vallées couvertes de vignes, et parsemées de hameaux.

Il y a plusieurs sources froides et chaudes à Bagnères ; on leur attribue différentes vertus ; celles dites les bains de salut sont les principales.

Notre auteur regretta infiniment que la saison fût trop avancée pour lui permettre de passer quelques semaines dans les Pyrénées. Un admirateur de la nature ne peut manquer de trouver une source inépuisable de méditations et de délices, en contemplant les sites variés qu'offre cette chaîne de montagnes, qui s'étend depuis la mer Atlantique jusqu'à la Méditerranée.

Pau fut la première ville où arriva ensuite notre voyageur : elle est à dix lieues de Tarbes, dans la province de Béarn. La ville de Pau sera à jamais mémorable dans l'histoire, pour être la patrie de Henri IV. Ce prince naquit dans le château où résidoient les rois de Navarre, avant la réunion de ce royaume à la France, par l'avénement de Henri IV lui-même à la couronne. Il est dans une situation pittoresque, à l'ouest de la ville, et assis sur une roche presque perpendiculaire. Au-dessous coule la rivière, ou plutôt le torrent de Gave qui prend sa source dans les Pyrénées, et va se jeter dans l'Adour : du côté opposé sont des vignobles, où l'on recueille l'excellent vin de Jurançon ; à neuf lieues environ de là on voit les Pyrénées, qui s'étendent de l'est à l'ouest, et terminent la perspective. Lorsque M. Wraxall visita ce château, l'on y voyoit une tapisserie que l'on dit avoir été faite par Jeanne, reine de Navarre, et mère de Henri IV.

Dans une chambre qui, par ses dimensions, semble avoir été la salle du conseil, il existoit un portrait en pied de cette princesse, habillée suivant le goût du temps. Ses cheveux sont ornés de perles, une fraise de dentelle entoure son cou. Ses bras, ornés de bracelets de perles sont recouverts par des manches qui descendent presque jusqu'au poignet. De la main droite, elle pince les cordes d'une guitare ; de l'autre, elle tient un mouchoir brodé.

Dans une autre salle étoit un portrait de Henri IV représenté enfant. Au second étage, on montre l'appartement dans lequel il est né.

Les particularités relatives à la naissance de ce prince sont bien connues ; cependant mes jeunes lecteurs ne seront peut-être pas fâchés d'en retrouver ici une partie.

Jeanne, sa mère, avoit déjà perdu deux fils, le duc de Beaumont et le comte de Marle. Henri d'Albret, père de cette princesse, jaloux d'avoir un héritier de ses possessions, lui dit, au moment où elle partoit pour accompagner Antoine de Bourbon, son époux, dans les guerres de Picardie, contre les Espagnols, que si elle devenoit enceinte, il exigeoit qu'elle retournât à Pau, et y fît ses couches, parce qu'il vouloit lui-même surveiller l'éducation de son petit-fils, dès le premier moment de sa naissance. Il menaça même de la déshériter, si elle n'obéissoit à sa volonté.

La princesse devint effectivement enceinte. Vers le neuvième mois de sa grossesse, elle quitta Compiegne, à la fin de novembre, traversa toute la France, en quinze jours, et arriva à Pau, où elle accoucha d'un fils, le 13 décembre 1553. Elle avoit toujours témoigné le desir de voir le testament de son père, qui étoit renfermé dans une boîte d'or. Henri d'Albret promit de le lui montrer, pourvu qu'elle le fît appeler au moment de sa délivrance, et qu'elle chantât une chanson en langue béarnoise. Jeanne eut le courage de se prêter à cette fantaisie bizarre.

Dès qu'elle sentit les douleurs, elle fit appeler le roi de Navarre, et se mit à chanter un cantique béarnois, qui commençoit par ces mots : *Notre-Dame du bout du pont, aidez-moi en cette heure.*

A peine eut-elle achevé, que l'enfant vint au monde. Le roi de Navarre accomplit aussitôt sa promesse, en remettant à sa fille la boîte en question, et une chaîne d'or qu'il lui passa autour du cou. Puis, ayant emporté l'enfant dans sa chambre, il lui fit avaler quelques gouttes de vin, et lui frotta les lèvres avec une gousse d'ail. Tout le reste de l'éducation du jeune prince fut continué sur le même pied, et elle étoit assez extraordinaire, pour un enfant de sa condition. Il fut envoyé au château de Coarace en Béarn, où, sans égard pour son rang, on le faisoit courir avec les enfants des villageois, nu-pieds et nu-tête, même dans les temps les plus froids. Une éducation aussi dure l'accoutuma à la fatigue, et lui donna cette force de corps, dont il n'eut que trop besoin par la suite dans ses longues guerres contre Henri III, le duc de Mayenne et les autres ligueurs. On montroit naguère à Pau, une écaille de tortue, qui a servi de berceau à ce jeune prince.

Un grand nombre des anciens rois de Navarre ont résidé et sont morts dans cette capitale du Béarn. François Phébus, dont la mère gouvernoit les États pendant sa minorité, y mourut en 1483, âgé de seize ans. Ce jeune roi, passionné pour la musique, voulut un jour s'amuser à jouer de la flûte; il ne l'eut pas plutôt approchée de sa bouche, qu'il ressentit les effets du poison, dont on en avoit enduit les bords; il expira au bout de deux heures d'agonie.

Pau est une jolie ville, bien bâtie, et qui renferme près de six mille habitants.

La route de Pau à Orthez traverse un pays uni, bien cultivé et riche en vignobles. Les paysans y parlent un jargon qui n'est intelligible que pour eux. Leur habillement diffère aussi de celui des habitants de la Guyenne. Ils ont, en général, assez de ressemblance avec les Espagnols.

Orthez étoit le siége d'un évêché, qui, vraisemblablement, étoit le plus pauvre de toute la France. Les restes du château d'Orthez sont encore imposants. La reine Jeanne en préféroit le séjour à celui de Pau. La princesse Blanche, fille de Jean, roi d'Aragon et de Navarre, y fut renfermée par ordre de Léonore, sa sœur cadette, à qui leur père avoit légué le royaume, à son préjudice. Cette sœur inhumaine retint, pendant deux années, l'infortunée Blanche dans cette prison, et la fit empoisonner.

Bayonne, où M. Wraxall arriva peu de jours après, est dans une des plus agréables contrées de la France, au confluent de deux rivières, la Nive et l'Adour. Cette dernière est d'une largeur considérable. On la traverse sur un pont de bois, qui réunit Bayonne au faubourg du Saint-Esprit. La Nive est plutôt un petit ruisseau qui traverse la ville, et ne ressemble pas mal aux canaux de la Hollande.

Quelque avantageuse que soit la situation de Bayonne pour le commerce, le trafic n'y est cependant pas aussi florissant qu'il le pourroit être. L'embouchure de l'Adour est embarrassée par des bancs de sable et une barre, qui en rendent le passage difficile. Outre ces inconvénients, le voisinage de Bordeaux enlève à cette ville plusieurs branches de commerce; mais il faut convenir que Bayonne, malgré la diminution progressive de sa splendeur et de sa population, est un séjour des plus agréables. On y trouve en profusion tout ce qui est nécessaire à la vie. Le gibier y est abondant, et la viande de boucherie est d'une excellente qualité. La baie de Biscaye et la rivière d'Adour produisent d'excellent poisson. Les vins de ses environs sont les meilleurs de toute la Gascogne, et ne se vendent que huit sous la bouteille. La ville de Bayonne est environnée de bois; aussi les combustibles y sont à bas prix. Le climat en est d'ailleurs délicieux, quoique, dans l'hiver, la température se ressente un peu de la grande proximité des Pyrénées.

Les bâtiments de cette ville sont la plupart très-vieux; quelques-unes des rues sont garnies d'arcades ou de portiques, de chaque côté. Mais la place de Grammont, du côté de l'Adour, est ornée d'un grand nombre d'édifices modernes.

La cathédrale est sur une hauteur, au milieu de la ville. C'est un vaisseau fort élégant; il est probable, d'après le mode et les ornements de son architecture, que sa construction remonte à 1350.

Bayonne, considérée comme place frontière, est assez mal fortifiée. Louis XIV a fait construire, par Vauban, une citadelle sur la rive septentrionale de l'Adour.

Jusqu'à l'an 1193, cette ville et tout le territoire adjacent étoient gouvernés en toute souveraineté par des vicomtes. Les Anglais s'en rendirent maîtres vers ce temps, sous le règne victorieux de leur roi Richard Ier, et en conservèrent la propriété jusqu'au règne victorieux de Charles VII.

La masse des habitants s'appelle

Basques, du nom de la province de Biscaye où Bayonne est située. Ils ont un costume qui les distingue des autres habitants de la France. Les femmes peignent leurs cheveux avec soin, les relèvent sur le sommet de la tête, et les recouvrent d'un petit bonnet assez semblable à un turban, et qui ne fait point du tout mauvais effet. Les Basques sont beaucoup plus bruns que les habitants de la Guyenne. Leur patois est un mélange de français, d'espagnol et d'idiome gascon.

M. Wraxall termina à Bayonne son excursion dans le midi de la France. Et, comme il n'y a qu'une seule route de poste dans cette province, il fut obligé de repasser par Auch, pour se rendre à Toulouse.

La campagne, depuis Bayonne jusqu'à l'endroit où l'on traverse l'Adour, est couverte de buissons, de forêts et de landes stériles. Elle n'est ni si bien cultivée, ni aussi peuplée que la plupart des districts du Béarn et du Bigorre.

Notre auteur arriva à Orthez, immédiatement après le soleil couché. Dirigé par la curiosité, il alla voir les ruines du château, et gravit la colline sur laquelle elles existent. Déjà le crépuscule empêchoit de voir les objets d'une manière distincte. D'épaisses ténèbres régnoient dans ces appartements gothiques. Tout annonçoit un aspect sombre et mélancolique.

Lorsque notre auteur eut examiné le petit nombre d'objets qu'il y avoit à voir, il retourna à son auberge, et rencontra un vieux paysan qui l'accosta, et lui dit avec bonhomie, qu'il avoit eu tort de parcourir les ruines du château, qu'à l'heure qu'il étoit, on ne sauroit déterminer, à quelque prix que ce fût, un villageois du pays à les visiter, parce que le spectre d'une princesse qu'on y avoit assassinée s'y promenoit toutes les nuits. Il ajoutoit que lui-même, dans sa jeunesse, avoit eu l'imprudence de mépriser les conseils des anciens, qu'il avoit vu et entendu des choses extraordinaires, et avoit eu une grande frayeur.

Il n'est pas besoin de remarquer que ce bon vieillard, imbu des mêmes préjugés que ses compatriotes, s'imaginoit voir des fantomes qui n'existoient que dans son idée. Quant à la princesse assassinée, c'est sans doute une tradition obscure et défigurée de l'histoire tragique de Blanche de Navarre. Les souvenirs des catastrophes de ce genre, perpétués de race en race, sont ordinairement l'origine de ces contes de revenants et d'aventures invraisemblables, dont la multitude aime à s'effrayer.

M. Wraxall dîna à Pau, et se promena dans le parc de Henri IV. C'est un bosquet agréable, et dans le plus beau site, où le roi Henri aimoit à se promener, quand il tenoit sa cour en Béarn.

Notre voyageur séjourna quatre jours à Tarbes. Cette ville est au milieu d'une plaine florissante, mais elle contient peu d'objets d'amusement ou d'instruction. Il traversa tout le pays d'Armagnac jusqu'à Toulouse, où il arriva le 3 novembre. Cette ville est désagréable et mal bâtie. C'est un vaste labyrinthe, composé de rues tellement entassées et bizarrement disposées, qu'un étranger a presque besoin d'un guide pour s'y conduire. Quoique cette ville soit aussi étendue que Nantes ou Bordeaux, l'on n'y voit point ces superbes places, ces élégants édifices qui font l'ornement de ces deux dernières cités.

La cathédrale n'est point un modèle d'architecture; elle fut bâtie par le comte Raymond VI, en 1200. Ce pays étoit gouverné par des comtes. Il fut réuni à la couronne, en 1271, par la mort de Jeanne, dernière comtesse, épouse du prince Alphonse, frère de saint Louis.

La tombe de Pibrac, ce personnage si célèbre dans l'histoire du règne de Henri III, est dans l'église des grands augustins. Ce grave magistrat étoit éperduement amoureux de Marguerite de Valois, reine de Navarre; et épouse de Henri IV; on dit qu'il sacrifia, dans le traité de Nérac, son devoir comme homme public, à son attachement pour cette princesse.

Toulouse fait quelque commerce intérieur, par le moyen du fameux canal de Languedoc, qui réunit les deux mers, et verse ses eaux dans la Garonne, immédiatement au-dessus de cette ville. On transporte, par ce moyen, toutes sortes de marchandises, de Cette à Bordeaux, à travers les provinces de Languedoc et de Guyenne. La facilité de ces communications est au surplus de peu d'avantage pour Toulouse, qui ne tiroit autrefois sa splendeur que de son parlement et de la noblesse de la province, qui s'y rendoit en hiver.

Castelnaudari, à quatorze lieues de Toulouse, est une ville assez considérable, située sur le canal dont nous venons de parler, et que Louis XIV fit construire pour réunir la Méditerranée à l'océan Atlantique. On assure que les Sarrasins qui conquirent cette partie de la France, lors du démembrement de l'empire romain, en furent les premiers fondateurs. Dans une vallée, à un quart de lieue de la ville, est l'endroit où l'infortuné duc de Montmorency, couvert de blessures et tombé de cheval, fut fait prisonnier par l'armée de Louis XIII.

Carcassonne est à sept lieues environ de Castelnaudari. Elle se compose de deux cités distinctes, séparées par la petite rivière d'Aude. La plus ancienne appelée la haute ville, est sur le sommet d'une montagne. La basse ville, qui est dans la plaine, est la plus considérable, et entourée de fortifications gothiques, très-bien conservées. Cette ville souffrit beaucoup des expéditions militaires qui furent dirigées contre les Albigeois, au commencement du treizième siècle. Les habitants de cette province ayant embrassé des opinions schismatiques, on entreprit de les ramener à l'orthodoxie, non par persuasion et par des moyens de douceur, mais par des exécutions militaires. Cette violence porta la rebellion à son comble, et l'on ne put la réprimer qu'en versant des flots de sang.

Ce n'est pas que nous ne soyons

tentés de faire une grande distinction, en matière de tolérance religieuse, entre les mesures de sévérité propres à étouffer une nouvelle secte, dans son principe, et cette fureur du prosélytisme, qui voudroit ramener à une seule opinion toutes les idées les plus divergentes.

Mais une fois le mal opéré, une fois que trop d'indulgence dans les commencements, et ensuite une sévérité intempestive, plus fatale encore, l'ont rendu sans remède, de quoi serviroit l'intolérance? Lorsque plusieurs sectes sont formées, lorsque chacune compte un nombre sinon égal, au moins constant et presque invariable de prosélytes; lorsque s'est établie cette espèce d'équilibre qui fait que chacun persiste avec respect et sincérité dans la croyance de ses pères, et qu'il n'est presque plus d'exemples de ces personnes prêtes à déserter un culte, pour sacrifier sur d'autres autels, il seroit impolitique de chercher à établir l'uniformité dans les dogmes et dans le cérémonial.

Sous le règne des foibles et indolents successeurs de Charlemagne, (la seconde race ou dynastie des carlovingiens) une grande partie des villes du Languedoc secouèrent le joug de l'autorité royale, et se constituèrent en autant de petits territoires indépendants.

La ville de Carcassonne fut une des dernières que l'on chercha à réduire. Les habitants, effrayés du sort qu'on avoit fait subir aux autres insurgés, demandèrent à capituler; mais on ne leur accorda leur grace qu'à une condition non moins cruelle que ridicule. Il fut ordonné à tous les bourgeois, de quelque rang et de quelque sexe qu'ils fussent, de sortir de la ville, absolument nus. La jeune et belle Agnès, épouse du vicomte Raymond, ne fut pas elle-même exemptée de cette punition honteuse et révoltante.

CHAPITRE VI.

Route de Toulouse à Narbonne. Description de Beziers. Canal du Languedoc. Arrivée à Nismes. Monuments de la grandeur romaine. Entrée du voyageur en Provence. Description d'Aix, Marseille, Avignon, etc. Tombeau de Laure. Notice snr Pétrarque Fontaine de Vaucluse.

DEPUIS Toulouse jusqu'à Narbonne, la campagne est une plaine immense, mais peu fertile. Les seuls arbres qu'on y voie sont des oliviers, encore ne sont-ils ni beaux, ni en grand nombre.

D'un côté, paroît dans le lointain

la chaîne des Pyrénées; de l'autre, on voit la chaîne de rochers, appelés Montagnes Noires, qui séparent le Languedoc de la province de Rouergue. La population en est médiocre; le pays est détestable, et les habitants exercent d'assez mauvaise grace les devoirs de l'hospitalité.

La ville de Narbonne n'a retenu que de foibles vestiges de son antique splendeur. Cependant elle remonte à la plus haute antiquité. C'étoit une des plus importantes villes des rois celtes, qui la possédoient antérieurement aux conquêtes des Romains. Ceux-ci, s'en étant emparés, en firent une superbe colonie, qu'ils nommèrent *Gaule Narbonnaise*. La population actuelle de Narbonne ne s'élève pas à plus de huit mille habitants. Les rues sont étroites, les maisons dégradées par les ravages du temps. Cette ville, éloignée de trois lieues de la Méditerranée, communique avec la mer, par une petite rivière qui la traverse. Mais son commerce est très-borné, et ne consiste guère qu'en grains. On n'y voit pas d'autres traces de la grandeur romaine que quelques inscriptions éparses çà et là.

La cathédrale de Narbonne, construite, dit-on, par Charlemagne, a été entièrement rebâtie dans des temps postérieurs. On voyoit au centre de la nef, en face du maître-autel, le mausolée de Philippe le Hardi, roi de France, et fils de saint Louis. C'est une tombe de marbre blanc, sur laquelle le roi est représenté couché dans toute sa longueur. Ses traits annoncent un homme dans la force de l'âge : ils sont beaux et réguliers, ses lèvres et son menton sont barbus. Ses longs cheveux retombent sur son cou. Dans la main droite, il tient une dalmatique, semblable au bâton recourbé des anciens pâtres; dans la main gauche, il porte un sceptre. Il a sur la tête une couronne, qui est supportée par un coussin; ses pieds s'appuient sur un lion.

La distance de Narbonne à Beziers est de sept lieues. Le canal passe à travers une montagne qu'on a coupée exprès pour cela. Il est impossible de passer auprès d'un monument aussi extraordinaire et aussi célèbre, sans avoir la curiosité de l'examiner.

L'aspect de ces travaux produit sur l'ame des spectateurs un effet sublime. Notre voyageur est descendu, par un large escalier, dans cette excavation, et a côtoyé le canal, en suivant les flancs de la montagne. La longueur de ce passage est d'au moins six cents pieds, et la hauteur perpendiculaire, depuis le niveau de l'eau jusqu'au cintre naturel que forme la montagne, est de deux cents pieds.

On a construit, à grands frais, des étais pour soutenir cette arche qui, sans cela, eût pu s'écrouler par son poids. Les réparations en coûtent, tous les ans, des sommes considérables. La largeur du canal est de plus de vingt pieds; et, quoiqu'il soit creusé sous terre, on y jouit d'une clarté suffisante. Cette montagne étoit le plus grand obstacle qui s'opposât à la réunion des deux mers; l'exécution des travaux par lesquels on l'a surmonté a immortalisé l'ingénieur Riquet, auquel Louis XIV confia la direction de l'entreprise.

Beziers est une ville riche et considérable, qui renferme plus de vingt mille habitants; elle est située dans une contrée délicieuse. Elle couvre les flancs d'une montagne roide et escarpée; la cathédrale en occupe le sommet le plus élevé. Au fond coule la rivière d'Orbe. La perspective en est imposante ; elle se termine au nord par de hautes montagnes ; au sud, par la Méditerranée. Elle passe pour un des séjours les plus agréables et les plus salubres de la France. On y trouve, à bon compte, toutes les commodités de la vie.

Beziers étoit une des places d'armes des Romains. Le siége qu'a souffert cette ville, lors des expéditions contre les Albigeois, est un des plus mémorables et des plus meurtriers qui aient caractérisé cette guerre d'extermination. La garnison se défendoit avec une valeur désespérée : il ne restoit plus qu'une ressource aux assiégeants pour les réduire. Ce fut de faire haranguer les troupes par le nonce du pape et par l'Espagnol Gusman, mieux connu, dans l'histoire civile et ecclésiastique, sous le nom de saint Dominique. Les soldats, échauffés par l'espoir de cueillir la palme du martyre, et d'obtenir indulgence plénière, se jetèrent dans la ville, comme des forcenés, passèrent tout au fil de l'épée, et réduisirent les édifices en cendres.

La cathédrale de Beziers ne renfermoit rien de remarquable, si ce n'est la tombe de la princesse Blanche de France, fille de Philippe de Valois, un des rois de la troisième race.

M. Wraxall fait le plus grand éloge de la ville de Montpellier, où il arriva peu de temps après. Il y passa quatre jours, et n'en partit qu'avec les plus grands regrets. La ville n'est pas fort recommandable par elle-même : les rues en sont étroites, tortueuses et mal aplanies. Mais la montagne sur laquelle cette cité est bâtie semble avoir été comblée des plus précieuses faveurs de la nature. La pente en est douce, et le sommet a été somptueusement décoré de tout ce que l'architecture a de plus élégant.

Les vallées du Languedoc, plantées d'oliviers, ou enrichies de vignobles, font un charmant contraste avec les roches arides qui terminent l'horizon vers le nord, et descendent graduellement vers le sud, jusque sur les côtes de la mer. Lorsque l'arrière-saison a dépouillé presque tous les arbres de leur verdure, ce paysage n'offre cependant à l'œil rien d'attristant, ni même de mélancolique. Un ciel serein et sans nuage, un soleil qui a conservé presque toute la vigueur des beaux jours de l'été, un air doux et pur, dont la transparence n'est troublée ni par des brouillards, ni par des pluies, prêtent des charmes au mois de novembre lui-même.

Il y a quarante ans, ce pays fourmilloit d'Anglais, qui y étoient attirés par la salubrité du climat, par l'espoir de se guérir du *spleen*, ou de prévenir cette affreuse maladie de langueur. Cet engouement s'est un peu affoibli dans les derniers temps. Au reste, la bonne qualité du climat se prouve par l'air de contentement et de santé qui brille sur la physionomie des habitants. Les hommes y sont grands et robustes, les femmes presque toutes bien faites et jolies. C'est même de cet avantage qu'est dérivé le nom de Montpellier, en latin *mons puellarum*, c'est-à-dire, montagne remarquable par la beauté des jeunes filles.

Montpellier fait quelque commerce par la petite rivière de *Les*, qui se jette dans la mer, à une lieue de là. Mais, depuis quelques siècles, la mer abandonne peu à peu ses domaines sur cette côte. Aigues-Mortes, où saint Louis s'embarqua pour une de ses expéditions contre la Palestine, est une ville située à deux lieues dans l'intérieur des terres. Fréjus, *(Forum Julii)* où Auguste fit relâcher ses galère, après la bataille d'Actium, n'est plus qu'un port misérable, et sans importance.

Depuis Montpellier jusqu'à Nismes, la campagne est un vaste jardin, parfaitement uni et bien cultivé par-tout. Lors du passage de notre auteur, les paysans s'occupoient à la récolte des olives. Il trouva ces arbres plantés avec la même régularité que les plus beaux vergers d'Angleterre. Mais un hiver rigoureux, arrivé il y a vingt ans, a tout à coup détruit presque tous les plans d'oliviers, et privé à jamais le pays de cette précieuse production. En effet, les hommes sont plutôt portés à travailler pour eux-mêmes, que pour la génération qui doit suivre. Si l'on replantoit les oliviers, il faudroit se soumettre à plusieurs années de privation, et peut-être n'auroit-on pas soi-même l'avantage de recueillir. Ainsi la réintroduction des oliviers dans les riches provinces du Languedoc ne pourroit se faire que peu à peu, et en quelque sorte, arbre par arbre.

M. Wraxall passa trois jours à Nismes, et parcourut, avec admiration, les magnifiques et imposants vestiges des travaux des Romains. La description du théâtre de Nismes, de l'arc de triomphe, et d'une foule d'autres monuments de ce genre, se trouve dans un grand nombre de livres, et il est inutile de la répéter ici.

Aux sensations agréables que l'on éprouve, en examinant ces chefs-d'œuvres d'architecture, se joint une indignation profonde contre les barbares qui ont pu violer et outrager ces monuments glorieux de l'antiquité. Charles Martel lui-même, illustre par tant d'exploits, poussa la rage qu'il portoit au nom romain, jusqu'à remplir de bois et d'autres combustibles les corridors de l'amphithéâtre, et à ordonner que l'on y mît le feu. Cependant les résultats déplorables de cette tentative, et les efforts de plusieurs siècles, n'empêchent pas que ce monument n'offre un aspect touchant et sublime. La circonférence prodigieuse de l'amphithéâtre, la solidité de sa construction, ses ruines majestueuses portent dans l'ame une multitude de sensations.

Un autre édifice, dit la *maison carrée*, s'est parfaitement bien conservé. Il passe pour un des plus beaux monuments d'architecture qui existent. Il est d'ordre corinthien, et l'on y a déployé toutes les richesses dont ce genre est susceptible. On en a fait une chapelle consacrée à la Vierge. Les dorures ont été prodiguées dans sa décoration intérieure, et détruisent peut-être le caractère mâle et noble de cette architecture.

Au-dessous de la ville est un autre

temple, que les uns prétendent avoir été consacré à Diane; d'autres, aux divinités infernales. Tout auprès coule une superbe fontaine qui rivalise celle de Vaucluse, en beauté, quoiqu'elle n'en ait pas la réputation. Le sable et le gravier en ayant obstrué le canal, les habitants de Nismes entreprirent, il y a trente ans, le curage et la restauration de ce ruisseau.

Non loin de là est une tour qui fut sans doute aussi l'ouvrage des Romains, et qu'on appelle la *Tour-Magne.*[1] Elle est sur le sommet d'un rocher, et a, par cela même, souffert beaucoup de dégradations; mais on ignore pour quel usage, et par qui ce monument a été bâti.

Nismes est une ville mal bâtie, qui ne contient rien autre chose de re-

---

[1] *Turris magna*, grande tour.

marquable que des ruines d'anciens édifices.

De Nismes, notre auteur se rendit à Tarascon, qui en est à sept lieues de distance. On traverse, à Tarascon, sur un pont de bateaux, le Rhône qui sépare la Provence du Languedoc. La vue de ce fleuve est extrêmement pittoresque. D'un côté, dans le Languedoc, est Beaucaire, ville considérable, avec un château en ruines, qui domine un rocher; de l'autre, est Tarascon, avec un château correspondant, beaucoup plus considérable, et baigné par les flots du Rhône qui, en cet endroit, a deux ou trois fois la largeur de la Seine, à Paris.

Quoique M. Wraxall voyageât dans les provinces méridionales de la France, il éprouva un froid non moins rigoureux que celui que l'on ressent habituellement dans le Nord. A Saint-Remi, petite ville, il se detourna de sa route, pour visiter les tristes débris d'un monument élevé par le consul Marius, et consacrant le souvenir de sa victoire contre les Cimbres et les Teutons.

Notre auteur demeura trois jours à Aix. Cette ville a l'air triste et solitaire, qui caractérise toutes les cités dépourvues de commerce et d'industrie. Les sources d'eaux minérales qui y ont existé de tout temps engagèrent *Sextus Calvinus* à y fonder une colonie, qu'il appela, de son nom, *aquæ sextiæ*. On reconnoissoit à ces eaux thermales des propriétés efficaces dans certaines maladies; on a découvert, en faisant des fouilles souterraines, plusieurs autels consacrés à Priape, sous la protection duquel ces eaux étoient placées.

On voit, dans la cathédrale, le mausolée de Charles d'Anjou, le dernier de sa race et des comtes de Provence, qui ait régné à Naples.

La petite ville de Salon, auprès d'Arles, ne possède rien de remarquable, si ce n'est le tombeau de Nostradamus, où, selon la tradition, ce prétendu prophète s'enterra vivant, dans sa soixante-deuxième année, en 1566. On y voit le portrait de Nostradamus, ses armoiries et celles de sa femme, et une inscription pompeuse en langue latine.

Il est probable que le bon Nostradamus ne composa que pour s'amuser les fameuses *centuries* ou prédictions en vers baroques, sur lesquelles l'ignorance et la crédulité ont bâti tant de chimères, au point de supposer qu'il avoit prédit l'histoire de toutes les nations et de tous les siècles à venir. Il règne au surplus tant de fatras et d'ambiguité dans ces soidisant prophéties, qu'il n'est pas difficile d'y trouver tout ce qu'on veut.

Il n'y a que sept lieues d'Aix à

Marseille, cependant le climat de ces deux villes est très-différent. Le voisinage de la Méditerranée rend, à Marseille, les hivers plus doux et les étés moins brûlants. La nature semble avoir destiné au commerce l'emplacement de cette ville. L'entrée du port est fort étroite, et environnée de hautes montagnes, qui mettent les vaisseaux à l'abri des plus violents orages. Le port est une promenade délicieuse, même en automne. Son entrée est dirigée vers le sud. Les quais sont remplis de personnes de toutes les nations de l'Europe, entremêlées de Turcs, de Grecs, et de Barbaresques. Tout ce que l'on voit offriroit une source inépuisable d'agréments, si l'observateur n'étoit, à tout moment, distrait de ses rêveries par le cliquetis des fers des forçats, qui lui mettent sous les yeux le tableau d'un hideux esclavage.

Notre auteur a été frappé de la différence remarquable qui existe entre le caractère des Provençaux et celui des autres Français. Les gens du commun ont, dans leurs manières, une sorte de rudesse et de brutalité. Leur dialecte, si fameux dans les anciens romans de chevalerie, est un italien corrompu, beaucoup plus intelligible pour un Napolitain que pour un Parisien, ou même pour un Florentin et un Vénitien. Les femmes sont belles, vives et d'une humeur assez disposée à la galanterie. On voit briller, dans leurs regards, dans leur conversation, en un mot, dans les danses et la musique du pays, ce feu, cette vivacité qu'on chercheroit vainement dans les Européens septentrionaux, et que produisent un air pur, un soleil ardent, un ciel presque toujours serein. La chaleur et l'énergie des passions sont le principal caractère des Marseillais.

La ville de Marseille remonte à la plus haute antiquité. Elle fut bâtie, à une époque dont la date s'est perdue, par une colonie de Phocéens.

Le quartier, dit l'ancienne ville, est un des lieux les plus mal bâtis et les plus sales de l'Europe. La ville neuve a été commencée vers le commencement du dix-huitième siècle; elle a toute la régularité, l'élégance et les proportions heureuses que l'on apporte dans les constructions modernes. Notre auteur assure que c'est un des séjours les plus délicieux du monde, et qu'il le préfère même à celui de Nice et de Montpellier. Les environs sont stériles et hérissés de rochers; mais on voit de distance en distance des maisons de campagne, indices certains de la prospérité du commerce dans cette province.

Le projet de M. Wraxall, en se rendant à Marseille, étoit de s'embarquer pour l'île de Corse et celle de Sardaigne; mais on lui fit entendre qu'il ne trouveroit pas dans ces îles les agréments qu'il s'y étoit promis. En conséquence, il préféra de rester à Marseille, pendant tout l'hiver, et de retourner ensuite dans l'Angleterre, sa patrie, en traversant les provinces intérieures de la France.

Ce sont les Phocéens, peuples de l'Asie mineure, et originaires de la Grèce, qui ont été les premiers habitants civilisés de la Provence. Les indigènes de cette contrée vivoient dans la plus grande barbarie. Leur idiome, peu abondant en termes, suffisoit cependant à exprimer le petit nombre de leurs grossiers besoins. Les Phocéens introduisirent parmi eux la langue grecque, et plusieurs autres usages de leur pays. Ils avoient apporté de la Grèce différentes espèces de légumes et d'arbres fruitiers : ils enseignèrent aux sauvages habitants de la Provence la culture de ces utiles productions. De ce nombre étoient la vigne et l'olivier. Enfin, grace à l'influence et à l'exemple des nouveaux colons, les indigènes sentirent la nécessité de se réunir en petites sociétés. Ils bâtirent des villes, à l'instar de celle de Marseille, dont les Phocéens venoient de jeter les fondements.

La pureté du climat de ces contrées est troublée par le *mistral*, ou vent de nord-ouest, qui produit ordinairement des ouragans terribles, mais qui, renouvelant tout l'air, donne encore plus de salubrité au pays. Le vent de sud-sud-est, au contraire, relâche la fibre de l'homme et des animaux, et les jette dans cet état d'affaissement et de langueur que le *sirocco* produit en Italie.

Toulon est un excellent port militaire, que la France possède sur les côtes de la Méditerranée. Il passe pour un des plus vastes et des mieux abrités de l'Europe. La ville est imprenable du côté de la mer, et très-bien fortifiée du côté de la terre. Il ne peut entrer dans la passe du port qu'un vaisseau à la fois. Le port se divise en port vieux et en port neuf, lesquels communiquent par un canal, et se débouchent dans une rade commune. Le port neuf, ouvrage de Louis XIV, est accompagné d'un superbe arsenal.

Cette ville fut bombardée, en 1707, par l'armée impériale, sous les ordres du prince Eugène et du duc de Savoie; mais l'ennemi fut contraint de lever le siége.

Les Anglais surprirent cette place en 1793, au moyen des intelligences qu'ils s'y étoient ménagées. Ils s'emparèrent de toute la flotte qui étoit mouillée dans le port. Forcés de se retirer après un siége vigoureux, ils mirent le feu aux navires qu'ils ne purent emmener.

La petite ville d'Hières, à trois lieues de Toulon, est la patrie de Massillon, célèbre orateur chrétien. Il croît des palmiers dans les environs de cette ville; mais le climat, qui est assez chaud pour favoriser la croissance de ce beau végétal, ne suffit pas pour en amener les fruits à maturité.

Tout le département du Var, dont Toulon est le chef-lieu, est d'une fertilité extrême: les côtes de la mer sont poissonneuses, et les pêcheries très-productives.

M. Wraxall partit de Marseille, le 6 avril 1776, et arriva le soir du jour suivant à Avignon. Il employa le peu de moments dont il lui fut possible de disposer, à visiter une ville si célèbre dans l'histoire du moyen âge, qui fut, pendant plus de soixante-deux ans, le séjour des papes; où résida Pétrarque, où naquit la belle Laure, que ce grand poète a célébrée avec tant d'enthousiasme. M. Wraxall a comparé la ville actuelle d'Avignon avec la description qu'en a donnée Pétrarque, et il a cherché l'endroit où étoit la maison de Laure. D'après la tradition, elle existoit dans l'un des faubourgs actuels. Il visita l'église des cordeliers, où se trouve la tombe de cette femme célèbre.

C'est dans une petite chapelle obscure, humide et froide, où l'on ne célèbre plus depuis long-temps l'office divin, qu'ont été déposés les restes de cette Laure, qui fut si belle, et qu'ont immortalisée les poésies de son adorateur. Sur la pierre qui les recouvre, on voit quelques caractères gothiques, presque effacés, et absolument illisibles. François Ier, l'un des princes les plus instruits qui aient régné en France, transporté par cet enthousiasme qui accompagne et décèle toujours le génie; fit ouvrir en sa présence la tombe de Laure. Le desir de pénétrer le mystère dans lequel Pétrarque a eu la louable discrétion d'envelopper le nom de sa maîtresse, et l'histoire de sa malheureuse passion, enfin l'ambition de vérifier, d'une manière certaine, si c'étoit bien là en effet la tombe de Laure, détérminèrent ce monarque à commettre cette sorte de violation de la cendre des morts. Quelques ossements humains que l'on trouva, et que l'on supposa être ceux de cette belle femme, une boîte de plomb, renfermant un rouleau de parchemin, sur lequel étoient écrits des vers en langue italienne furent les seuls objets qui s'offrirent à sa curiosité.

Pétrarque étoit né, en 1304, à Arezzo en Toscane, et avoit embrassé l'état ecclésiastique. On dit qu'il apperçut Laure, pour la première fois, en 1327, à l'office du vendredi saint, et qu'elle étoit fille d'*Audifret de Noves*, habitant d'Avignon. Il conçut pour cette jeune personne une passion si vive, qu'après vingt années de constance, elle ne trouva pas de terme dans la mort même de celle qui l'avoit inspirée. On ne dit point si la belle Laure paya de quelque retour une passion aussi sincère : mais elle étoit mariée, et jamais la plus légère atteinte ne fut portée à sa vertu.

L'amant infortuné se choisit une retraite près de la fontaine de Vaucluse, où il composa ses poésies élégiaques. Il chercha quelque distraction à ses tourments, en faisant plusieurs voyages en France, en Allemagne et en Italie; il fut reçu par-tout avec les égards que méritoit un homme aussi distingué. Il étoit à Parme, lorsqu'il apprit, en 1348, la mort de sa chère Laure: elle avoit été enlevée par cet affreux fléau nommé la *peste noire*, qui, en 1347 et 1348, désola la plus grande partie de l'Europe.

Il seroit difficile de reconnoître les environs de la ville d'Avignon, aux tableaux mélancoliques et rembrunis qu'en a tracés Pétrarque. L'imagination lugubre du poète a représenté les plaines fertiles du comtat venaissin et le cours délicieux du Rhône comme un affreux désert, que traverse un fleuve sans cesse agité par les vents et les tempêtes. C'est ainsi qu'Ovide a peint, sous les plus hideuses couleurs, les bords enchanteurs de la mer Noire, où il composa ses élégies durant son exil, lieux qui sont, sans contredit, au nombre des plus agréables de la terre, dans lesquels règne un éternel printemps.

Le Rhône présente, près d'Avignon, un spectacle superbe. Ses flots rapides arrosent des prairies couvertes d'oliviers, et se divisent en deux bras, vis-à-vis d'Avignon. On y voit encore les débris des arches d'un pont qui fut entraîné, en 1699, par un de ces grands débordements auxquels le Rhône est sujet. Ce pont n'avoit pas moins de deux cents toises de long; mais il étoit si étroit, que deux voitures n'auroient pu y passer de front.

En 1656, des pêcheurs ont trouvé dans le Rhône, près d'Avignon, un large bouclier d'argent massif, du poids de quarante-deux marcs, où l'on a représenté l'action du jeune Scipion, rendant une jeune et belle princesse espagnole à un prince des Celtibériens, à qui elle avoit été promise en mariage. On voyoit naguère ce bouclier au cabinet des médailles de la bibliothèque nationale de Paris. Mais il est du nombre des objets précieux qui ont été volés dans l'hiver de 1804, pendant la nuit et par escalade.

De l'autre côté du Rhône, dans l'ancienne province de Languedoc, est Villeneuve, cité considérable, bâtie sur un rocher qui correspond exactement à celui sur lequel est placée la cathédrale d'Avignon. On voit au nord le mont Ventoux, dans la province de Dauphiné, presque toujours couvert de neige, et dont Pétrarque a donné une description pittoresque. A l'est, sont les rochers nus et escarpés de Vaucluse; mais, dans l'intervalle de cinq lieues qui les sépare, on voit des campagnes riantes et bien cultivées, arrosées par des torrents qui se jettent dans le Rhône.

La ville d'Avignon est mal bâtie, irrégulière et sans beauté; mais les murailles gothiques et les remparts, dont l'ont entourée différents papes se sont bien conservés, et sont faits pour piquer la curiosité. Plusieurs souverains pontifes ont été enterrés dans ses nombreux couvents.

Dans celui des cordeliers étoit le tombeau du brave Crillon, qui s'est rendu fameux par son intrépidité et par son dévouement inviolable à la personne de Henri IV, son maître.

La fontaine de Vaucluse est à cinq lieues d'Avignon. De ce côté, la vallée se rétrécit insensiblement, et prend la figure d'un fer-à-cheval. La perspective est terminée par un énorme massif de rocher, d'une hauteur prodigieuse, et qui forme une espèce de barrière; c'est ce qui lui a fait donner le nom de *Vaucluse*, c'est-à-dire, vallée fermée (*vallis clausa*). Dans les vastes flancs de ces rochers coulent les divers ruisseaux, dont s'alimente la fontaine. C'est un large bassin qui a plusieurs centaines de pieds de circuit, et qui reste silencieux et tranquille. Les côtés en sont escarpés, et l'on assure qu'au milieu jamais on n'a pu en trouver le fond, quoique l'on y ait plusieurs fois jeté la sonde. Les eaux de la fontaine de Vaucluse ne sont pas moins limpides que le cristal le plus pur; cependant l'ombre du rocher y répand une teinte noirâtre. L'eau s'échappe de cette fontaine par un passage étroit, fait une cascade, et coule dans un lit de rochers; elle donne ainsi naissance à ce qu'on appelle la rivière de la Sorgue. On voit, sur les bords de la rivière, et au milieu des rochers, les ruines d'un vieux château que les paysans appellent le château de Pétrarque; ils ajoutent que la belle Laure demeuroit de l'autre côté de la rivière, et que les deux amants se visitoient secrètement par un passage souterrain. Il est certain que ce château appartenoit aux seigneurs d'Avignon, et que l'évêque de Cavaillon, ami de Pétrarque, y faisoit sa résidence. L'habitation du poète étoit plus bas, et beaucoup plus près de la Sorgue, ainsi qu'il est facile d'en juger par la description qu'il en donne dans ses écrits, mais il n'en reste plus de traces.

M. Wraxall étant parti d'Avignon, s'arrêta une heure à Orange, pour contempler les ruines du cirque romain, et de l'arc de triomphe de Marius, édifices encore augustes et magnifiques, quoiqu'ils portent l'empreinte des outrages de vingt siècles. Il continua sa route vers Lyon, en suivant la rive orientale du Rhône, et arriva dans cette ville, au bout de trois jours.

CHAPITRE VII.

Province de Dauphiné. Origine du titre de dauphin. Prétendues merveilles du Dauphiné. Chartreuse de Grenoble. Description succincte de la Bourgogne.

LA route qu'a suivie notre auteur ne l'a pas conduit dans les provinces de Dauphiné et de Bourgogne. Nous remplirons cette lacune, en puisant dans d'autres sources non moins estimées.

L'ancienne province du Dauphiné se trouve à l'est du Vivarais, dont elle est séparée par le Rhône. On a formé de son territoire les trois départements de l'Isère, des Hautes-Alpes et de la Drôme. Un des seigneurs de ce pays ayant reçu au baptême le nom de *Dauphin*, ce nom devint un titre, comme celui de César, (*si parva licet componere magnis*[1]) exprimoit la puissance et la gloire des empereurs romains. En 1343, Humbert Dauphin, se voyant sans postérité, céda tous ses états à Philippe de Valois, fils puîné du monarque du même nom, à condition qu'il porteroit son nom et ses armes. Depuis le règne de Charles V jusqu'à la révolution de 1789, les fils aînés des rois de France ont toujours porté le titre de dauphin.

Cette province, fertile en minéraux de toute espèce, n'est pas aussi convenable à l'agriculture. Ses habitants sont obligés d'émigrer plusieurs mois de l'année, comme les Savoyards, les Auvergnats, les Limousins, et d'aller chercher, dans des contrées plus riches,

---

[1] S'il est permis de comparer les grands objets aux petits.

les moyens de subsistance que leur activité et leur infatigable industrie leur permet de mettre en usage.

Les habitants du Dauphiné sont enclins à la superstition : mais il y a long-temps que la physique a fait justice des prétendues merveilles du Dauphiné, telles que la *fontaine ardente*, la *tour sans venin*, la *montagne inaccessible*, et les *cuves de Salsenage*.

La fontaine ardente, bien loin d'être une fontaine, est au contraire un terrain fort sec. Il s'en exhale, pendant les chaleurs de l'été, des vapeurs qui s'enflamment à la superficie de la terre.[1] Les paysans qui vous servent de guides pour arriver dans cet endroit, ne s'en approchent qu'avec une

---

[1] Ces vapeurs sont du gaz hydrogène, ou air inflammable imprégné de particules sulfureuses, et provenant de la décomposition

sorte de respect. Cependant ils ont soin d'emporter des œufs avec eux, et, pour augmenter votre surprise, ils font cuire une omelette sur ces flammes légères. Ces omelettes sont détestables au goût, parce qu'elles contractent l'odeur du soufre.

Le nom de la *tour sans venin* est encore plus ridicule. On assure gravement qu'aucune bête venimeuse ne sauroit vivre en cet endroit; c'est une fable absurde. On y trouve, comme ailleurs, des araignées, des crapauds et des couleuvres. Il est des superstitions qu'aucune démonstration ne sauroit détruire. Si quelqu'un apportoit en cet endroit, à ses périls et risques, des scorpions et des vipères en vie, je suis bien sûr que les bons villageois

---

des pyrites. Celui que l'on produit artificiellement dans les laboratoires de chimie offre des expériences très-curieuses. (*Note du Trad.*)

ne manqueroient pas de réponse. Ils accuseroient de magie et de sortilége celui qui auroit voulu les détromper.

La montagne inaccessible est très-escarpée; cependant quelques personnes ont réussi à l'escalader.

Quant aux cuves de Sassenage, elles ont beaucoup plus d'importance dans l'esprit du peuple. Ce sont deux excavations que l'on voit dans une grotte, auprès du village de Sassenage. Elles demeurent à sec toute l'année, mais les habitants prétendent que, le 6 janvier, jour de la fête des rois, elles se remplissent d'une eau qui s'écoule au bout de vingt-quatre heures. Plus elles sont pleines, plus les habitants en tirent un augure favorable pour le succès de leurs travaux de l'année. L'une pronostique l'abondance de la moisson; l'autre, celle des vendanges. Il est probable que ce sont de ces sources intermittentes, que l'on trouve par-tout, et qu'elles se remplissent non pas précisément le 6 janvier, mais vers le commencement de ce mois, lorsque de fortes gelées ont tari l'écoulement ordinaire des eaux, et qu'elles sont obligées de se frayer momentanément une autre route.

Grenoble, capitale du Dauphiné, est une grande et belle ville. Elle tient son nom de l'empereur Gratien, fils de Valentinien Ier.[1] Elle est divisée en deux parties inégales par l'Isère, qui reçoit, à peu de distance, le torrent de Drec. Ces deux rivières sont, dans les temps de débordement, le fléau des environs. Plus d'une fois elles ont menacé la ville de sa ruine.

---

[1] Le nom de Grenoble est en latin *Gratianopolis*. Il est probable que les noms des villes ne subiront plus désormais d'altérations aussi extraordinaires, depuis que la découverte de l'imprimerie a établi plus de fixité dans la prononciation et l'ortographe. *(Note du Trad.)*

La grande chartreuse, fondée en 1084, par saint Bruno, est au nord de Grenoble. Les voyageurs de distinction ne passoient guère autrefois par cette ville, sans aller examiner ce séjour de pieux cénobites, voués par leur propre volonté à un éternel silence, à une vie pénible et affreuse par son uniformité même. Il ne leur étoit permis de converser entre eux, que les jours de récréation, dans une espèce de promenade, que l'on appeloit l'*espatiement*.

Vienne, en Dauphiné, est une grande et antique cité, dont l'archevêque portoit le titre de *primat des Gaules*, titre assez insignifiant, puisqu'il n'ajoutoit pas la moindre chose à ses fonctions, ni à son autorité. Sous le règne de Dioclétien, Vienne étoit la capitale de toute la partie des Gaules, que l'on appeloit Gaule viennoise.

Il est peu de villes des Gaules que

les Romains se soient plu à embellir davantage; il en est peu où l'on trouve moins de traces de leur magnificence. Le seul monument remarquable qui se soit conservé, est une haute pyramide quadrangulaire, composée de pierres superposées les unes sur les autres, sans l'emploi de la chaux et du ciment.

La ville de Valence se distingue par la beauté de ses environs. C'est dans cette ville que mourut, en 1799, le pape Pie VI, illustre par ses malheurs, sa patience et sa résignation. Il étoit âgé de plus de quatre-vingts ans.

Nous ne parlerons pas ici de la Savoie, qui n'a rien de remarquable que les mœurs simples, la vie laborieuse et frugale de ses habitants. Quant aux paysages variés que présentent les montagnes de cette province, nouvellement réunie à la France, ce que nous avons dit dans le voyage de Suisse, et à la fin de celui en Italie, des effets pittoresques et sublimes que présentent les sommets sourcilleux des Alpes, suffit pour en donner une idée.

La province de Bourgogne, dont nous allons esquisser, en peu de mots, les objets les plus dignes d'attention, est bornée au nord par la Champagne; à l'ouest, par le Nivernais et le Bourbonnais. Elle comprend, avec la Bresse, le Bugey et le pays de Dombes, qui jadis dépendoient de la Savoie, quatre départements qui sont ceux de l'*Yonne*, de la *Côte d'Or*, de *Saône-et-Loire* et de l'*Ain*. La fertilité de cette province est extrême, et ses vins sont renommés dans toute l'Europe.

La Bourgogne fut, jusqu'au quinzième siècle, gouvernée par des ducs souverains; mais Charles le Belliqueux, le dernier de ces ducs, ayant été tué devant Nancy, en 1473, sa fille unique épousa Maximilien Ier, archiduc d'Autriche, et lui apporta en dot la Bourgogne, la Franche-Comté, plusieurs provinces de Flandre, et d'autres états. Mais Louis XI s'empara du duché de Bourgogne, sous prétexte que c'étoit un fief masculin, dont les filles ne pouvoient hériter. Depuis ce temps, il est demeuré uni à la France, malgré les prétentions réitérées de la maison d'Autriche.[1]

Quant à la Franche-Comté, des conquêtes postérieures l'ont réunie à la France, et l'on sait quel a été, dans ces derniers temps, le sort des Pays-Bas. Il ne reste plus rien à la maison d'Autriche de cette dot magnifique

---

[1] Les empereurs d'Allemagne portoient leur attachement à cette prétention, au point de nommer *Cercle de Bourgogne*, la Flandre, le Brabant et autres provinces des Pays-Bas, bien éloignées de la Bourgogne. (*Note du Traducteur.*)

que donna Marie de Bourgogne à l'un de leurs ancêtres.

Les principales villes de la Bourgogne sont Auxerre, à quarante-quatre lieues de Paris; Sens, à trente lieues de Paris; Dijon et Beaune, dans le département de la Côte-d'Or;[1] Mâcon, Châlons-sur-Saône, et Bourg-en-Bresse, patrie du grammairien Vaugelas, et de l'astronome Lalande.

Le commerce d'Auxerre consiste principalement en vins : mais les amis de l'histoire naturelle visitent avec plaisir, dans ses environs, les fameuses grottes d'Arcy. Ce sont des excavations longues de plus de trois cents toises, divisées en plusieurs compartiments, et soutenues par des cintres et des voûtes naturelles. Il se distille sans

[1] Ce département a tiré son nom du coteau dit la Côte-d'Or, qui produit le meilleur vin du pays. (*Note du Traducteur.*)

cesse, à travers les crevasses et les porosités de la pierre, une eau cristalline et limpide. Mais cette eau tient en dissolution des particules calcaires, d'une ténuité extrême. A mesure qu'elle s'évapore, la matière pierreuse, ou, comme le disent les savants, *le suc lapidifique*, se dépose sur les parois intérieures de la grotte. Il s'y forme des concrétions qui prennent une multitude de formes élégantes ou bizarres. Les plus curieuses de ces pétrifications sont cinq ou six tubes calcaires, de cinq à six pieds de haut, et de huit à dix pouces de diamètre, creux dans l'intérieur, et rangés les uns auprès des autres, comme des tuyaux d'orgues. Quand on frappe ces tuyaux avec un bâton, il en sort des sons différents, et que répercutent agréablement les échos de ces grottes.

A quelque distance de Beaune est la ville de Montbar, que le séjour du célèbre naturaliste Buffon a rendue illustre. Il y a composé la plus grande partie de son Histoire Naturelle.

Dijon est une belle ville, peuplée de plus de vingt mille ames. Elle est, la patrie de Bossuet, évêque de Meaux, dont on ne cessera d'admirer les Oraisons Funèbres, et dont la prose élégante n'a pas peu contribué à fixer la langue française.

On a découvert, en 1598, près de Dijon, le tombeau de Chindonax, grand prêtre des Druides. Ce tombeau étoit une grande pierre cylindrique, creusée dans la plus grande partie, et contenant une urne de verre où étoient renfermées des cendres.[1] Autour de l'urne étoit une inscription en carac-

[1] J'ai tout lieu de croire que ce verre étoit formé par la fusion des laves volcaniques de l'Auvergne et du Vivarais, car les anciens ne connoissoient pas l'admirable procédé d'ob-

tères grecs. Il paroît, d'après plusieurs indices, que ce monument remonte à une date antérieure à l'invasion de Jules César dans les Gaules. D'où il résulte que la langue grecque étoit usitée dans ce pays, avant même que les Romains y eussent pénétré. Au surplus, on ne sait pas ce qu'est devenu ce monument, qui jeteroit un grand jour sur les antiquités celtiques.

Du côté du mont Cénis est le bel établissement des forges, des fonderies et des manufactures de cristal du Creusot. Le combustible nécessaire à ces usines est fourni par les mines de charbon de terre qui occupent une grande quantité de ce pays.

Il y a vingt ou trente ans, ces mines de charbon de terre se trouvèrent

---

tenir cette substance diaphane par la fusion des cailloux mêlés avec des alcalis ou autres dissolvants. *(Note du Traducteur.)*

presque abandonnées, et n'étoient plus que d'un produit médiocre, par la négligence avec laquelle on les exploitoit. Feu M. de la Chaise obtint le privilége d'en extraire le fossile. Il y fit des réparations considérables, construisit, à grands frais, de vastes galeries souterraines, et en décupla le produit. Il a depuis vendu son privilége à la compagnie qui fait valoir les divers établissements du Creusot.

CHAPITRE VIII.

Origine et accroissement de la ville de Lyon. Le voyageur décrit Roanne, Thiers et autres villes du Forez. Entrée dans la Limagne et dans l'Auvergne ; villes de Clermont, Saint-Flour, etc.

LA digression indispensable que nous avons faite, dans le chapitre précédent, nous ramène sur les traces de notre voyageur. Nous allons entrer avec lui dans la ville de Lyon.

L'époque de la fondation de la ville de Lyon n'est pas certaine ; cependant on est assez généralement d'accord qu'elle a été bâtie, quarante-un ans avant l'ère chrétienne, par *Lucius Monatius Plancus*, l'un des lieutenants de César.

L'empereur Auguste, sentant l'importance d'une ville aussi avantageusement placée, vint, par sa présence, en consacrer la gloire naissante ; il y fit un séjour de trois années ; et cette circonstance suffit pour y faire accourir, de toutes parts, une multitude d'étrangers. Rome se dépeuploit elle-même pour augmenter la population et les richesses de sa colonie.

Il paroît que cette ville étoit déjà parvenue à un haut degré de splendeur, lorsque, sous l'empire de Néron, les flammes y firent d'affreux ravages. Sénèque a dit très-élégamment qu'il n'y eut qu'une nuit d'intervalle entre l'existence d'une grande cité et sa destruction totale. Cependant Néron disposa de sommes considérables, pour faire reconstruire cette ville incendiée.

Lyon est situé au confluent du Rhône et de la Saône ; cette dernière rivière, qui prend sa source dans les Vosges, est aussi calme que le Rhône est impétueux.

Il existe à Lyon, comme dans toutes les cités anciennes, des quartiers sales, des rues étroites, des maisons mal bâties; mais on en est dédommagé par la beauté des autres quartiers. Avant les désastres occasionnés par les événements de 1793, on admiroit dans Lyon le quai du Rhône, l'hôtel de ville, la place des Terreaux, le change, la place Belcour et divers monuments publics. Mais le bombardement terrible qu'a souffert cette ville, et les suites plus cruelles encore qui ont été le fruit de la reddition de la place, la démolition des plus superbes édifices, l'incendie des manufactures, la mort des plus illustres et des plus utiles citoyens, ont fait de Lyon, pendant plusieurs années, un véritable désert. Depuis quelque temps, cette belle cité commence à se relever de ses ruines. Le gouvernement a trouvé le vrai moyen d'encourager la reconstruction de la place Bellecour, en exemptant de tout impôt, pendant l'espace de dix années, les propriétaires qui y feront bâtir.

La funeste anglomanie qui nous a fait adopter, quelques années avant la révolution, des modes, des habillements destructeurs de nos manufactures, parce que ces objets, recherchés par le luxe, sont tirés de climats lointains, a été principalement sensible aux fabriques de Lyon. Sous la main industrieuse de ses artisans, la soie prenoit toutes les formes et toutes les nuances; depuis le modeste taffetas, jusqu'au velours le plus fin et le plus précieux; depuis le plus simple satin, jusqu'aux étoffes éclatantes d'or et d'argent.

On fait, il est vrai, depuis quelque temps, des efforts pour ranimer parmi nous le goût de ces belles et précieuses étoffes : cependant, à cet égard, Lyon ne compte guère pour tributaires que les pays étrangers, que les cours du Nord et du Midi, chez lesquelles n'a point encore heureusement pénétré la dispendieuse simplicité des modes nouvelles.

Au milieu des monuments modernes dont la ville de Lyon est enrichie, le voyageur remarque, avec satisfaction, quelques débris de la grandeur romaine, des fragments d'aqueducs, de cirques, de portiques, les ruines du temple d'Auguste, dont il reste encore des colonnades entières, les tables de bronze où l'on conserve le discours que l'empereur Claude prononça, lorsqu'il n'étoit encore que consul, pour obtenir aux Lyonnais les droits et le titre de citoyens romains.

De toutes ces antiquités, celle qui

remonte à l'époque la plus reculée est l'autel destiné au sacrifice du *taurobole*, que l'on célébroit tous les vingt ans. Prudence, écrivain latin, nous en a donné la description, dont voici la substance :

Celui en faveur duquel on offroit ce sacrifice, et qui étoit ordinairement l'empereur ou un autre personnage illustre, descendoit, le front ceint de bandelettes, dans une fosse assez profonde pour le contenir tout entier, et que l'on fermoit d'un couvercle de bois perçé de petits trous. On amenoit alors le taureau du sacrifice. Sa tête étoit couronnée de fleurs, son front et ses cornes étoient revêtus de lames d'or. On l'égorgeoit au-dessus de la fosse, et le sang de la victime, coulant à travers les trous, inondoit, depuis les pieds jusqu'à la tête, l'homme qui s'étoit placé dans la fosse. Plus il étoit souillé de sang, plus on supposoit que le sacrifice avoit été agréable aux dieux.

Parmi les hommes distingués que Lyon a vus naître dans ses murs, nous citerons Germanicus, petit-neveu d'Auguste, dont le cruel Tibère termina les jours par le poison, et le célèbre académicien Thomas qui y mourut prématurément, au retour d'un voyage qu'il avoit fait à Nice et dans le midi de la France, pour rétablir sa santé délabrée.

L'ancienne abbaye d'Aisnay, située au confluent de la Saône et du Rhône, paroît être dans le lieu même où Annibal passa le Rhône, à la tête de son armée. C'est dans ce même endroit qu'étoit bâti l'*Athénée*, ce temple superbe, à la construction duquel concoururent soixante nations de la Gaule.

Une chose qui attire les curieux dans l'église cathédrale, c'est une horloge construite en 1598, par Nicolas Leppires, de Bâle. Elle marque les heures, les jours, les semaines, les mois et le cours des planètes. Un de ses cadrans est ovale, et l'aiguille s'alonge ou se raccourcit, suivant qu'elle parcourt le grand ou le petit diamètre de l'ovale.

En sortant de Lyon, notre voyageur traversa le Forez, territoire des anciens Ségusiens. Le Forez est une vallée grande et fertile, que la Loire parcourt dans presque toute sa longueur. Ce beau fleuve, le plus considérable de la France, enrichit les provinces qui avoisinent ses rives, par l'utilité dont il est à la navigation et au commerce; mais il occasionne aussi quelquefois de funestes ravages par ses inondations. On trouve dans le sable de la Loire des cailloux blancs et transparents, qui, comme ceux du Rhin, imitent, jusqu'à un certain point, le diamant, lorsqu'ils sont taillés. Au surplus, il n'est point de substance ni naturelle, ni artificielle, qui puisse imiter parfaitement le diamant véritable. Cette pierre précieuse est une sorte de bitume, elle est combustible à un feu violent, tandis que les diamants faux sont du verre très-fusible, ou du cristal que le feu le plus ardent ne sauroit décomposer.

Entre Lyon et Roanne, notre voyageur gravit la haute montagne de Tarare. On jouit, à son sommet, d'une perspective immense, qui s'étend jusqu'aux Alpes de la Savoie.

Les environs de la petite ville de Saint-Etienne sont remplis de mines de charbon de terre. Une de ces mines, qu'on appelle *Rica-Marie*, est en combustion depuis plusieurs siècles. Un feu souterrain en consume lentement les matériaux. Il est arrivé une fois que l'incendie a été considérable, que le sol supérieur s'est déchiré, et que les habitants du pays ont vu se former, sous leurs yeux, une espèce de volcan ; mais les progrès s'en sont heureusement arrêtés. On ne reconnoît plus aujourd'hui l'incendie de la mine qu'aux épais tourbillons de fumée qui s'échappent de diverses crevasses. L'intensité de la fumée et celle de la chaleur intérieure augmentent d'autant plus que l'air est plus humide.

La ville de Roanne est un des passages les plus fréquentés par les voyageurs, à cause de sa situation sur la Loire, et de son voisinage des plus belles routes de la France.

La ville de Thiers, où s'arrêta notre voyageur en sortant de Roanne, est une cité considérable, bâtie sur un rocher, dont plusieurs côtés sont à pic. Au pied de cette montagne coule la rivière de *Darole*, dont les eaux, resserrées dans un lit fort étroit, mettent en mouvement les roues de nombreux moulins à papier et à forges. C'est à

Thiers que se fabriquent la majeure partie des cartes à jouer et du papier à écrire, qui se consomment dans toute l'Europe. Il est singulier que l'invention du papier ne date que du quatorzième siècle, tandis que l'art de l'écriture remonte à un temps immémorial, et se perd dans l'origine des sociétés. Il est probable que ce fut la découverte de l'imprimerie qui força de chercher une matière plus souple, plus étendue, plus susceptible de recevoir et de conserver l'encre, que l'écorce intérieure ou *liber* des arbres, les planches de métal, de bois et d'ivoire, enduites de cire, dont on faisoit usage auparavant.

Il existe, ou pour mieux dire, il existoit dans les environs de Thiers, plusieurs communautés de paysans, régies chacune, depuis plusieurs siècles, par un seul chef, et dans lesquelles on retrouvoit une véritable égalité de biens, la simplicité et les vertus patriarcales de l'âge d'or. La famille des Pinons étoit celle de ces communautés, qui s'étoit conservée la plus pure : elle avoit, dit-on, plus de douze cents ans d'antiquité. On raconte qu'un riche agriculteur de ce canton, nommé Pinon, se voyant au lit de la mort, appela autour de lui ses nombreux enfants, et leur fit sentir tous les inconvénients qui alloient résulter du partage de ses biens. Il les exhorta à ne point démembrer leur héritage, et à jouir en commun de leur patrimoine.

Cette famille se divisoit en quatre tribus, régies chacune par un chef. Un des quatre chefs portoit le nom de *maître Pinon*. Le conseil des chefs concluoit tous les marchés, ordonnoit les travaux, et administroit, au nom et pour l'intérêt de tous, les affaires de la communauté.

Les Pinons ne se marioient presque jamais hors de leur famille. Ils étoient cependant libres de quitter la société quand ils le jugeoient à propos. Ils recevoient alors, pour leur portion présumée de l'héritage, les hommes, cinq cents livres, et les femmes, deux cents. Comme une pareille somme étoit bien au-dessous des avantages que chacun pouvoit espérer, en demeurant membre de la communauté, il en résultoit qu'ils aimoient mieux ne point s'en séparer.

Du Forez, M. Wraxall entra dans la Limagne, fertile vallée, environnée de hautes montagnes et de rochers sourcilleux, du sein desquels s'échappent d'innombrables ruisseaux, qui répandent la fécondité dans les campagnes.

On a trouvé, en 1756, près du village dit les *Martres d'Artures*, le cadavre d'un enfant de dix à douze ans, embaumé à la manière des anciens Egyptiens, et renfermé dans un cercueil de plomb, qui lui-même étoit contenu dans un cercueil de pierre. Au moment de l'ouverture de la boîte de plomb, les chairs de l'enfant étoient encore fraîches et colorées, quoique tout annonçât qu'il étoit là depuis huit cents ans au moins, et qu'il avoit appartenu à une de ces hordes de Sarrasins ou d'Arabes qui, vers le dixième siècle, firent des incursions dans l'Auvergne.

Aigue-Perse est la première ville d'Auvergne qu'on rencontre en venant de Paris. C'est la patrie du fameux chancelier de l'Hôpital, qui vivoit du temps de Charles IX, et qui fut lui-même persécuté, pour avoir refusé de prendre part à d'impolitiques et cruelles persécutions. On l'avoit compris dans la proscription de la Saint-Barthélemy, mais l'ordre fut presque aussitôt révoqué que donné. On apprit en même temps à Michel de l'Hôpital l'ordre et sa révocation. Il répondit, avec un calme imposant : « J'ignorois que j'eusse jamais mérité la mort ni le pardon. »

La ville de Clermont est agréablement située sur une montagne d'une pente fort douce. Son origine paroît remonter aux siècles les plus barbares ; les rues en sont tellement étroites, que les voitures ne peuvent passer dans plusieurs d'entre elles. L'élévation des édifices y répand une obscurité désagréable, et intercepte la circulation de l'air. Il est cependant quelques monuments modernes, qui réparent ces désavantages. La cathédrale seroit un des plus précieux modèles de l'architecture gothique, si on l'avoit entièrement achevée.

Les faubourgs de Clermont sont plus beaux que la ville, parce que c'est là que se trouvent les habitations les plus modernes et les plus élégantes.

Parmi les sources d'eau vive qui embellissent les environs de cette ville, M. Wraxall alla examiner celle de Royat, qui, déposant des sédiments de matière calcaire, opère sous vos yeux des pétrifications. La vue de ce phénomène causa, dit-on, un grand étonnement au jeune Charles IX, roi de France. Cette source a formé, à la longue, une couche de pierre qui a seize pieds de haut, sur cent de longueur, et huit à dix de largeur. Comme ce banc de pierre arrêtoit le cours du ruisseau, les habitants ont été obligés d'y creuser un nouveau canal. Ce petit ruisseau se jette dans un autre plus grand, et il s'y est formé une espèce de pont, par les incrustations successives.

Clermont en Auvergne s'appelle aussi Clermont-Ferrand, parce qu'on l'a réuni à une autre ville qui se nomme Montferrand, et qui se trouve tout auprès. On a opéré cette jonction, par une belle route, ou plutôt, par une promenade magnifique et bien ombragée, qui a deux cent soixante-quatre pas de longueur. Le terrain est si bien aplani, qu'en allant d'une ville à l'autre, on ne croiroit pas que la distance est si considérable.

Il y avoit à Clermont un fameux collége de jésuites, qui s'est trouvé abandonné lors de la suppression de cet ordre. Clermont a vu naître l'estimable et lumineux jurisconsulte Domat, et le fameux Blaise Paschal, enlevé aux sciences dans un âge peu avancé; à peine avoit-il accompli sa trente-neuvième année. On sait que ce grand homme devina, sans le secours d'aucun maître, les éléments de la géométrie; mais les dernières années de sa vie se ressentirent de ses longs et opiniâtres travaux ; son esprit, à force d'être tendu, avoit fini par s'affoiblir. Un jour il étoit à se promener sur le pont Neuilly, dans un carrosse à quatre chevaux ; les deux premiers prirent le mors au dents, et se précipitèrent dans la Seine, par un endroit où il n'y avoit pas de parapet. Le pont de Neuilly n'étoit encore qu'en bois à cette époque.

Heureusement les traits se rompirent par la secousse, et le carrosse demeura comme suspendu sur les bords du précipice. Depuis ce temps, Paschal, épouvanté du souvenir de cette aventure, crut toujours voir un gouffre entr'ouvert à côté de lui.

Le Puy-de-Dôme, roche située aux environs de Clermont, et qui a donné son nom à ce département, est un cône assez régulier ; il s'élève majestueusement au milieu d'un plateau soutenu par d'autres montagnes que la nature semble avoir destinées à servir de piédestal à cet énorme masse de rochers. Le Puy-de-Dôme est tellement escarpé, que l'on ne parvient à son sommet que par deux chemins taillés dans le roc, et qui en suivent les contours. On peut y monter à cheval; mais il est plus prudent de ne le gravir qu'à pied.

La structure du Puy-de-Dôme n'a pas peu embarrassé les savans qui prétendent expliquer par leurs systêmes, la formation du globe et des montagnes qui en sillonnent la surface. MM. Saussure et Desmaretz le considèrent comme une montagne primitive; mais ils ne sont pas d'accord sur la nature de sa substance. Feu M. Dolomieu le regardoit comme le *squelette* ou le *noyau* d'un volcan dont les eaux auroient détruit le cratère et toutes les parties supérieures.

C'est sur le Puy-de-Dôme qu'a

été faite pour la première fois la démonstration irrécusable de la pesanteur de l'air, par M. Perrier, d'après la marche qui avoit été indiquée par le célèbre Paschal.

Les anciens croyoient, d'après Aristote, que l'eau ne montoit dans le tuyau d'aspiration des pompes que par une *horreur* invincible que la nature éprouvoit pour le vide. Cette opinion erronée s'étoit perpétuée jusqu'au siècle de Galilée. Cependant des pompiers de Florence ayant entrepris de faire une pompe aspirante, dont le tuyau d'aspiration avoit quarante à cinquante pieds, furent surpris d'observer que l'eau ne s'élevoit que jusqu'à la hauteur de trente-deux pieds. Ils demandèrent l'explication de ce phénomène à Galilée, qui ne put la leur donner : il est probable que cet illustre physicien, qui avoit inventé le télescope, découvert et calculé les lois de la gravité, s'occupa de résoudre ce problême; mais la mort l'empêcha d'y parvenir. Toricelli, un de ses élèves, fit l'expérience avec du mercure, et vit que ce liquide ne s'élevoit dans le tube qu'à la hauteur de vingt-huit pouces, au lieu de trente-deux pieds.

Paschal s'empara de la découverte, et démontra que l'ascension des différents liquides dans les pompes aspirantes, étoit dans une harmonie parfaite avec leurs pesanteurs spécifiques. Si l'eau se soutient à la hauteur de trente-deux pieds dans un tube ouvert par en bas, fermé par en haut, et plongé dans une capacité remplie du même liquide; si le mercure ne s'élève dans les mêmes circonstances qu'à vingt-huit pouces, c'est que ces deux liquides sont précisément pour le poids, dans le rapport de quatorze à un. Paschal alla jusqu'à prédire que si l'on transportoit, sur une haute montagne, le tube de Toricelli, le mercure, au lieu de s'élever à vingt-huit pouces, atteindroit une hauteur moindre, parce que l'atmosphère, étant moins élevée, auroit moins de pesanteur pour contenir le liquide dans le tube.

Les adversaires de la nouvelle doctrine contestèrent ce résultat par les raisonnements les plus subtils ; mais l'expérience faite sur le Puy-de-Dôme se trouva d'accord avec la théorie. L'invention du baromètre, la découverte de la machine pneumatique, par l'Anglais Boyle, l'ont depuis confirmée d'une manière qui ne laisse aucun doute. On peut aujourd'hui, à l'aide d'un simple baromètre, mesurer les hauteurs des montagnes les plus élevées avec presqu'autant de certitude que par des opérations géométriques longuement et péniblement dirigées, au milieu des obstacles de tout genre qui s'opposent à de pareilles observations.

C'est ainsi que le génie devance les progrès de son siècle, et n'attend point pour s'élever à de sublimes conceptions, que l'on ait fait les expériences propres à en fournir la preuve. Une des objections les plus fortes que l'on ait faites dans le temps contre le systême de Copernic, c'étoit que la planète de Vénus n'eût point de phases. Cependant, lui disoit-on avec beaucoup de raison, si Vénus est intermédiaire entre la terre et le soleil, elle doit avoir, comme la lune, ses *pleins* et ses *décours*. Copernic répondoit avec assurance que Vénus avoit des phases, mais que nos yeux étoient trop foibles pour les appercevoir. Quelques années après, Galilée invente le télescope,[1] et démontre la vérité d'une

---

[1] On regarde généralement Galilée comme

assertion que Copernic avoit mise en avant sur la seule foi de son *génie*.

On objectoit de même à Newton, contre son système de la lumière, l'impossibilité de brûler le diamant et la non inflammabilité de l'eau qui, dans sa théorie, auroient dû être combustibles ou receler au moins des principes inflammables. Hé bien ! on n'a pas été long-temps à reconnoître que

---

l'inventeur du télescope, quoique l'on assure que des enfants d'un opticien de Middelbourg, jouant avec des verres de lunettes, en firent par hasard la découverte. Il est possible que Galilée ait profité de cette première idée, mais du moins il en a tout d'un coup saisi les résultats; il a fixé, d'une manière certaine, la position respective des verres; il a déterminé l'aggrandissement des images, suivant les rapports entre l'*oculaire*, le verre auquel on applique l'œil; et l'*objectif*, celui que l'on tourne vers l'objet à examiner. (*Note du Traducteur.*)

le diamant se consumoit au foyer d'un verre ardent, d'une grande force. Lavoisier a démontré que l'eau étoit le résultat de la combinaison intime de l'*hydrogène*, ou gaz *inflammable* et de l'*oxigène* qui est le principe même et la source de la combustion.

Non loin du Puy-de-Dôme, et dans les plaines de la Limagne, les voyageurs contemplent avec respect l'emplacement de la forteresse de *Gergovie*, ce dernier rempart des Avernes ou anciens Auvergnats contre les conquêtes de Jules César. Il est facile de reconnoître tous les lieux qu'ont illustrés les expéditions de César. Cet homme célèbre, aussi bon écrivain que grand capitaine, et profond politique, a tracé avec la plus parfaite précision le théâtre de ses campagnes.

Issoire est une autre cité de l'Auvergne qui existoit du temps des Romains. Les ravages qu'elle eut à souffrir de la part des Vandales et autres barbares du nord, n'approchent point des malheurs qu'elle éprouva en 1577. Lorsqu'elle fut assiégée par l'armée royale, elle fut prise d'assaut, livrée au pillage et à l'incendie. Pour surcroît de malheur, dit l'historien de Thou, une pluie terrible qui tomba pendant plusieurs heures, au lieu d'appaiser la fureur des flammes, ne servit qu'à augmenter l'horreur d'un si triste spectacle, en achevant de ruiner ce qu'elles avoient épargné. Ainsi, attaquée par deux forces contraires, la ville d'Issoire devint, presqu'en même temps, la proie du feu et des eaux. Fortune toujours bizarre ! voilà quels sont tes jeux au milieu des plus grands malheurs !

Le village des Perriers, à une demi-lieue d'Issoire, et plusieurs autres cantons voisins, sont remarquables par des ravines profondes, par des éboulements qui ont déchiré la surface du sol, ou par des excavations souterraines qui ont été produites, les unes par de violentes convulsions intérieures, les autres par la main infatigable des hommes. La plupart de ces cavernes sont habitées par de pauvres familles de paysans, qui mènent la vie la plus misérable, et rappellent l'existence des anciens *Troglodytes*.

On voit au bourg de Saint-Sandoux, une chaussée de colonnes basaltiques divergentes entre elles, et à peu près dans le genre de la chaussée des Géants en Irlande, quoique la disposition en soit moins régulière. L'explication des accidents qui ont pu produire ces colonnes, ces espèces de palais magiques, est une chose sur laquelle les savants sont divisés. L'opinion la plus générale est que des laves volcaniques incandescentes étant subitement refroidies par les eaux de la mer ou d'un grand fleuve, se sont spontanément déchirées et ont formé ces espèces de cristallisations. Mais je dois faire remarquer à ceux de mes jeunes lecteurs qui pourroient l'ignorer, qu'il y a une différence essentielle entre les cristallisations proprement dites, et ces prismes basaltiques en apparence si réguliers, qu'ils peuvent voir journellement dans les cabinets d'histoire naturelle. Les cristaux de la même matière offrent toujours la même configuration; on peut en mesurer et vérifier les angles au compas. Il se trouve au contraire dans les grands amas de basalte, des prismes de toutes les façons, triangulaires, quadangulaires, pentagones, hexagones, octogones, etc. Les prismes à cinq ou six pans sont les plus communs; cela provient de l'arrangement naturel des parties. C'est ainsi que dans les ruches d'abeilles, toutes les cellules sont constamment hexagones, parce que, si vous mettez en juxta-position des cylindres d'une matière molle et visqueuse, ils s'arrangeront d'eux-mêmes absolument de la même manière que les cellules des abeilles.

Le *Mont-d'Or* est environné d'eaux thermales ; une de ces sources, dite les bains de César, paroît avoir été connue du temps de ce grand capitaine. Elle jaillit au milieu d'une grotte assez profonde, où l'on se transporte pour prendre les bains ; il n'y peut tenir qu'une personne à la fois. Cette source, d'ailleurs très-salutaire, est funeste dans les temps d'orage ; il s'exhale alors de ses eaux des émanations sulfureuses et méphitiques qui mettent en danger la vie des personnes qui séjournent dans la grotte. On cite des exemples de quelques personnes qui, s'étant obstinées à s'y baigner dans ces temps critiques, sont mortes sur la place, victimes de leur entêtement. On ne fait guère d'usage des eaux du Mont-d'Or que dans les grandes chaleurs d'été. Dans ce vallon coulent la petite rivière de *Dore* et celle de *Dogne*, qui, étant réunies, prennent le nom de Dordogne. Cette rivière traverse le Périgord, et a donné sa dénomination au département, dont Périgueux est le chef-lieu.

Au nombre des rochers qui hérissent ces lieux sauvages, on distingue celui appelé le *Capucin*, parce que, vu de loin, il représente assez bien la figure et l'habillement de ces religieux.

La ville de *Vieille-Brioude* est remarquable par un pont célèbre, d'une seule arche, à plein cintre, qu'on y a jeté sur l'Allier. La distance d'une culée à l'autre est de cent quatre-vingt-quinze pieds. Ce pont est très-solide, mais le passage est interdit aux carrosses et aux chariots. Les gens à pied, les chevaux et le bétail peuvent seuls le traverser.

A quelque distance de Vieille-Brioude, est la ville de Brioude, dont la construction est plus moderne, mais qui ne possède rien de curieux que sa cathédrale gothique, et l horloge qu'on y a placée.

Les montagnes les plus considérables de la haute Auvergne sont la chaîne ou le groupe du Cantal. Ces montagnes ont donné leur nom au département qui a Aurillac pour chef-lieu. On remarque aussi la chaîne de la Margeride et celle du Cézallier. Toutes ces hauteurs sont couvertes de bestiaux, dans la saison des pâturages. Les herbes odoriférantes qui y croissent donnent au lait des vaches une qualité particulière; les fromages qu'on en fait sont très-estimés, et s'exportent au loin.

La ville de Saint-Flour est sur une éminence de trois cents pieds d'élévation, et bâtie sur un large plateau de laves, qui a au moins une demi-lieue de circuit. L'accès de cette ville est assez difficile, parce que presque tous les côtés de la montagne sont taillés à pic. Les édifices sont construits en laves, les rues sont pavées de la même matière. De là résulte un aspect sombre et lugubre, qui fait donner, dans le pays, à cette cité, le nom de *Ville-Noire*.

Au surplus, l'industrie y jouit d'une activité prodigieuse. On y fabrique des instruments d'agriculture et d'économie domestique, et ces objets de nécessité première ont une valeur indépendante des vicissitudes de la mode, et même de la fortune publique.

La ville d'Aurillac a dû sa fondation au respect des habitants du pays pour la tombe d'un pieux hermite. Ce solitaire, nommé Saint-Gérant, avoit fondé un monastère; il sembloit avoir fui les hommes, mais les hommes vinrent le chercher. Pour être plus à portée de jouir de ses exhortations, ils construisirent leurs demeures autour de sa retraite. Leurs cabanes se changèrent bientôt en maisons, et cette réunion d'édifices forma la ville d'Aurillac. Pour nous faire une idée de ces changements, il faut nous reporter au onzième ou douzième siècle. Il ne se bâtit plus aujourd'hui de villes nouvelles; les villages, les hameaux euxmêmes ne se métamorphosent plus en cités opulentes: c'est que les hommes, rapprochés et resserrés par la civilisation, ont plus de stabilité dans leurs mœurs et dans leur manière de vivre. Quelques particuliers peuvent éprouver des changements de fortune, mais la masse du peuple reste à peu près dans le même état.

Aurillac se glorifie d'être la patrie de François Maynard, de l'académie française. Ce poëte ne se distingua point par des ouvrages de longue haleine, mais il composa des écrits remplis de graces et de sentiment. Il avoit fait inscrire, sur la porte de son cabinet, ce quatrain qui respire la plus douce philosophie :

> Las d'espérer et de me plaindre
> Des Muses, des grands et du sort,
> C'est ici que j'attends la mort,
> Sans la desirer ni la craindre.

Le chanoine Gobert, qui fut élu pape, sous le nom de Sylvestre II, étoit né dans cette ville, en 999.

Les Romains appeloient *mons Celtorum*, ou montagne des Celtes, le groupe du Cantal, dont l'étendue est d'environ vingt lieues en tout sens. La plus haute de ces montagnes s'appelle le *Plomb* du Cantal; elle est de neuf cent quatre-vingt-treize toises au-dessus du niveau de la mer.

CHAPITRE IX.

Description du Bourbonnais. Villes de Moulins, Nevers, la Charité et autres cantons du Nivernais. Province de Berry. Description de Bourges. Aventures de Jacques Cœur. Villes de Sancerre et de Melun. Description d'Orléans et de Beaugency.

M. Wraxall, après avoir traversé l'Auvergne, arriva à Moulins, sur les bords de l'Allier. Cette ville, ancienne capitale du Bourbonnais, et chef-lieu du département de l'Allier, ne date que du quatorzième siècle. Les anciens seigneurs du pays avoient fait bâtir, dans cet endroit, une grosse tour qui leur servoit de rendez-vous de chasse. Autour de cette tour ou château, il se forma insensiblement une ville que l'on nomma Moulins, à cause de treize moulins, qui se trouvoient sur le bord de l'Allier, au lieu même où est aujourd'hui le cours ou promenade publique. La grosse tour existe encore, et le peuple l'appelle la *tour mal coiffée*, à cause de sa bizarre structure.

Les rues de Moulins sont bien pavées, larges pour la plupart, et les maisons construites en briques. Cette architecture ne laisse pas d'être agréable, parce que la variété des teintes et les différentes dispositions des briques donnent à ces habitations moins de monotonie qu'on ne devroit s'y attendre. La position de cette ville sur une grande rivière, et presque au centre de la France, la rend d'une grande importance pour le commerce. Des promenades charmantes, plantées d'ormes, de peupliers et de sapins, embellissent les bords de l'Allier ; il y a sur cette rivière un superbe pont de treize arches, qui fut commencé en 1754, par l'architecte *Regemortes*, et achevé après neuf ans de travaux. L'exécution de ce monument lui fait d'autant plus d'honneur, que déjà, en moins d'un siècle, quatre ponts avoient été enlevés par l'impétuosité de la rivière,[1] quoique le dernier eût été bâti sur les plans du fameux Mansard. Celui-ci fut renversé, en 1710, peu de jours après son inauguration.

Chacune des treize arches du pont a dix toises d'ouverture. Sa largeur to-

---

[1] L'Allier, quoique considérable, sur-tout dans le temps des grandes eaux, ne prend point la dénomination de fleuve, parce qu'il se jette dans la Loire. Cette réunion s'opère un peu au-dessous de Moulins, à quinze lieues de Nevers. (*Note du Traducteur.*)

tale est de sept toises, et son étendue de cent soixante-quinze; il est bordé de trottoirs, et nivelé dans toute sa longueur. Du haut de ce monument, la vue se prolonge sur une chaussée qui, pendant l'espace d'une lieue, conserve l'alignement du pont.

Il y a, dans Moulins, douze mille habitants, dont le plus grand commerce a la coutellerie pour objet. Il y existoit plusieurs couvents; la princesse des Ursins, veuve de l'infortuné duc de Montmorency, se retira, après la mort tragique de son mari, dans celui de la Visitation, dont elle devint supérieure. Elle y fit ériger un mausolée magnifique à la mémoire du duc.

J'examinai, dit M. Wraxall, ce monument avec le sentiment de la pitié la plus touchante pour le héros qui en fut l'objet. Sa tombe est revêtue des marbres les mieux assortis et les plus précieux. Le duc est représenté à moitié couché, le bras gauche appuyé sur le coude. Auprès de lui est sa veuve voilée, les yeux tournés vers le ciel : quatre statues allégoriques, représentant la valeur ; la libéralité, la piété et la noblesse environnent le mausolée. Au-dessus du fronton sont les armes de la maison de Montmorency.

Le trajet de Moulins à Nevers, au milieu des belles provinces du Bourbonnais et du Nivernais, est des plus agréables.

Nevers est bâti en amphithéâtre ; on y arrive par de superbes avenues. Au centre de la ville, sur le sommet d'une montagne, est le palais des anciens ducs, monument du sixième siècle, et qui, bien qu'il présente plusieurs marques de décadence, n'en est pas moins un modèle d'architecture gothique. M. Wraxall y a vu des appartements décorés de vieilles tapisseries, qui avoient au moins deux siècles. Il a vu, dans une des chambres, le portrait de madame de Montespan. Cette femme superbe, maîtresse de Louis XIV, paroit sortir d'un lit magnifique, dont les rideaux et les draperies sont soutenus par des Amours. Son attitude est gracieuse, et inspire la volupté. Sa tête est appuyée sur sa main gauche; un de ses pieds est caché par sa robe; l'autre, peint avec un goût exquis, est appuyé sur un riche coussin.

Il existe dans Nevers quelques manufactures florissantes, notamment celle de faïence. L'art de fabriquer cette belle poterie a été apportée d'Italie à Nevers, par ses anciens ducs. On assure que les sables fins et légers que l'on trouve dans cette partie de la Loire sont les plus propres du monde à la fabrication de la faïence.

La place publique offriroit le plus

beau coup d'œil, sans la disposition bizarre des édifices, qui ne s'y présentent que par les angles, parce que les rues n'ont point été percées perpendiculairement à leur façade. Le chœur de la cathédrale, chef-d'œuvre d'architecture, est rendu plus imposant encore par des vitraux colorés. Ils répandent, dans l'intérieur de la nef, mille couleurs variées et douteuses, qui portent dans l'ame une douce mélancolie. L'art de peindre sur verre, c'est-à-dire, de déposer sur sa surface des couleurs qui en imbibent en quelque sorte la substance d'une manière indestructible, est perdu en France, depuis plusieurs siècles. Il est probable qu'on ne cherchera pas à le faire revivre, parce que l'emploi des verres peints ne seroit plus, de nos jours, aussi étendu qu'il l'étoit autrefois. L'architecture grecque, qui domine aujourd'hui, dans nos édifices, ne sauroit se concilier avec la multitude des croisées. Il faut, en quelque sorte, les masquer, et ne laisser pénétrer le jour que par un petit nombre d'ouvertures placées dans les endroits les moins apparents de la coupole ou des péristiles, derrière des colonnes, ou de longues files de pilastres et de cariatides. De là la nécessité de garnir ces croisées de verres blancs, qui laissent pénétrer la lumière dans tout son éclat. Dans l'architecture gothique au contraire, la légéreté des constructions étoit le principal but que l'on se proposoit. Le corps entier de l'édifice étoit percé à jour. On n'y élevoit des *fascicules* de pierres, qu'autant qu'il en falloit pour soutenir des vitraux élégamment découpés.

Nevers est la patrie d'un de nos poètes qui dut son talent à la nature, et qui a fait quelques morceaux pleins de sel, de naiveté ou de sentiment; je veux parler d'Adam Billaut, menuisier de cette ville, plus connu sous le nom de *maître Adam*. Ses poésies roulent la plupart sur le vin, et décèlent les inclinations de l'auteur. Il est probable que maître Adam trouvoit dans les côteaux fertiles du Bourbonnais son Parnasse et son hippocrêne. C'est lui qui a composé la belle chanson bachique si connue :

Aussitôt que la lumière
Vient éclairer nos coteaux, etc.

A deux lieues de Nevers est la petite bourgade de *Pougues*, connue par ses eaux minérales.

Quelques lieues plus loin, on trouve la ville de la Charité-sur-Loire. On ignore quel fut son ancien nom. Celui qu'elle porte aujourd'hui lui vient d'un acte louable de bienfaisance de l'abbaye de cette ville. Dans une année de disette extrême, les moines nourrirent les habitants, des provisions qu'ils avoient prudemment amassées.

On ne crut pas pouvoir mieux consacrer le souvenir d'une pareille œuvre de *charité* chrétienne, qu'en donnant à la ville le nom même de cette vertu théologale.

Le voisinage du canal de Briare, sa position sur une des deux grandes routes qui conduisent de Paris à Lyon, donnent quelque avantage à cette ville pour le commerce. L'ex-ministre Choiseul y a encouragé une manufacture de quincaillerie, dont les bâtiments situés sur les rives du fleuve, se développent d'une manière imposante. On y fabrique une grande partie des armes blanches nécessaires pour l'équipement des armées françaises, et les boutons numérotés par lesquels se distinguent les divers régiments. Des usines établies sur la Loire servent à la fabrication de boucles d'acier, de boutons de métal, et des ancres pour la marine.

Les embellissements d'une ville croissent d'ordinaire avec son opulence. La Charité possède quelques maisons d'une apparence élégante. On y jouit d'une promenade située dans une presqu'île de la Loire, à l'extrémité d'un des faubourgs. On y traverse le fleuve sur un assez beau pont de pierre. Ce monument a été fort endommagé par la débâcle qui a suivi le rigoureux hiver de 1789.

Il y a, dans les environs de la Loire, des mines de charbon de terre : ce combustible y est d'une excellente qualité. La Flandre et la Belgique sont les seuls endroits de la France où l'on emploie le charbon de terre, pour chauffer les appartements, à l'instar des Anglais et des Hollandais. Dans les autres provinces, on ne s'en sert que pour les forges, les usines, et pour d'autres besoins industriels. Il semble en effet que le bois soit plus commode que tout autre combustible, pour entretenir, dans nos appartements, cette douce chaleur qui nous trompe sur les rigueurs de la température extérieure. Mais, s'il est le plus commode dans son emploi, il n'est ni le moins dispendieux, ni celui qui remplit le mieux son objet. Les poêles ou réchauds, dont on se sert en Angleterre et en Hollande, répandent dans les salons une chaleur plus égale et plus intense que nos cheminées parisiennes, qui vous brûlent de près, et devant lesquelles vous êtes glacé, pour peu que vous vous teniez éloigné du foyer.

En Allemagne, en Pologne et en Russie, on fait usage de bois comme combustible. L'abondance des forêts en rend les conséquences moins préjudiciables qu'en France, mais du moins on l'emploie d'une manière plus judicieuse. On le brûle dans d'énormes poêles, qui échauffent à la fois plusieurs appartements très-vastes.

Il existe aussi dans ces cantons de belles carrières de marbre blanc veiné de noir. On cultive dans le *Morvant*, près de Château-Chinon, des vignobles qui produisent de bon vin ; cette ville est située sur la pointe d'une montagne entourée de diverses hauteurs couvertes de bois, dont une, plus élevée que la ville même, présente à son sommet de vieilles masures que l'on prétend avoir servi de chenil du temps de César. C'est pour cela qu'on l'appeloit *Castellum Canum*, château des chiens, d'où a été tiré le nom de Château-Chinon.

Quoi qu'il en soit, cette petite cité, qui de nos jours ne contient pas plus de quinze cents ames, paroît avoir été considérable du temps des Romains. Elle est baignée par l'Yonne ; la vallée dans laquelle serpente cette rivière, est la plus fertile du Nivernais ; on y remarque Clamecy, où l'Yonne commence à porter bateau, et Vezelay, où le pape Eugène III convoqua, en 1146, un grand concile. Ce fut dans cette réunion de prélats que saint Bernard prêcha la croisade.

Près de la ville, sont deux fontaines, l'une d'eau minérale, l'autre d'eau salée ; cette dernière est remarquable par ses intermittences et d'autres circonstances particulières : elle mérite, sous ce rapport, l'attention des physiciens.

M. Wraxall passa la Loire à la Charité, et entra dans la province de Berry. Il y a douze lieues de cette ville à celle de Bourges ; la campagne n'y est pas, à beaucoup près, aussi florissante qu'entre Moulins et Nevers.

Bourges est située au centre d'une vaste plaine ; il falloit que cette cité fût bien importante du temps de Jules César, puisque ce fut la seule qu'épargnèrent les Gaulois, lorsque, pour arrêter les Romains dans leurs conquêtes, ils conçurent le projet désespéré d'incendier toutes les villes du Berry.

On voit encore une partie des antiques murailles de cette ville fameuse; la maçonnerie en étoit d'une épaisseur et d'une solidité qui n'a appartenu qu'à des siècles reculés. Dans les jours malheureux de notre révolution, l'on a cherché à démolir ces restes de fortification, mais on y a renoncé, parce que c'étoit un travail trop dispendieux et trop pénible.

La ville de Bourges est d'une étendue considérable, mais la population en est médiocre; les édifices sont du goût le plus antique. L'hôtel de ville a été formé du palais du fameux Jacques Cœur, homme extraordinaire, qui vivoit sous le règne de Charles VII. Fils d'un marchand pelletier de cette ville, il entreprit d'abord un petit commerce de mercerie qu'il agrandit ensuite, et devint un des plus riches banquiers du monde. A sa signature, on voyoit s'ouvrir les trésors de l'Asie, de l'Europe, et de l'Afrique; ses nombreux vaisseaux couvroient la Méditerranée; il avoit des comptoirs dans tous les pays commerçants. Il fut d'une grande ressource à Charles VII, dont un prince anglais avoit usurpé le trône. Non content de fournir à ce monarque des secours pécuniaires pour soutenir les restes de ses partisans et de son armée, il lui fournissoit tous les jours, pour son dîner, deux poulets et une queue de mouton. Charles VII n'ayant conservé de tout son royaume, que Bourges et son médiocre territoire, tenoit sa cour dans cette ville; c'est pour cela que le monarque anglais, Henri V, l'appeloit, par mépris, *le petit roi de Bourges*.

Mais bientôt, et comme par inspiration divine, les esprits des Français se ranimèrent. On secourut la ville d'Orléans dans laquelle se défendoient encore une poignée de sujets fidèles; fort d'un premier succès, le monarque français reprit l'une après l'autre toutes les possessions de ses aïeux. Jacques Cœur, ce généreux négociant, qui lui avoit été si fidèle et si utile dans l'adversité, ne fut pas oublié par un prince puissant et victorieux. Il fut placé à la tête des finances; mais Jacques Cœur eut le malheur de déplaire à Agnès Sorel, maîtresse du roi; par une fatalité singulière il triompha de toutes les calomnies, de tous les complots de son ennemie, et ne fut abattu que par la mort d'Agnès Sorel. Jacques Cœur fut accusé de l'avoir empoisonnée; le roi, qui jusqu'alors avoit fermé l'oreille à toutes les intrigues, se laissa surprendre par des suggestions perfides.

fit arrêter son favori, et ordonna qu'on instruisît son procès. Il ne paroît pas, d'après les pièces qui se sont conservées, que l'on ait obtenu aucune preuve contre Jacques Cœur : cependant ses juges le déclarèrent coupable. Mais, au lieu de le frapper d'une peine capitale, ils le condamnèrent à faire amende honorable, à payer une somme de cent mille écus, à la privation de toutes ses charges, de tous ses emplois, et à un bannissement perpétuel. Il est vrai qu'on fit regarder à l'accusé, comme une grace, la vie qu'on lui avoit laissée.

Jacques Cœur subit son arrêt et se retira dans l'île de Chypre. Les revers n'avoient détruit ni son activité ni son génie; son crédit étoit encore aussi intact dans le monde commerçant, qu'il l'étoit avant sa disgrace. Il sut, par ses travaux, se créer une nouvelle fortune, et finit paisiblement ses jours dans le lieu de son exil.

Parmi les hommes de lettres distingués dont la ville de Bourges est la patrie, nous nous bornons à citer ici le célèbre prédicateur Bourdaloue. Le roi de France, Louis XI, y a également pris naissance, et y a fondé en 1466 une université de droit.

On voit, à deux ou trois lieues de Bourges, quelques traces du camp de *Vercingetorix*, général gaulois, qui lutta avec une intrépidité digne d'un meilleur sort, contre la fortune de César.

M. Wraxall a vu dans cette ville le tombeau de Jeanne de Valois, fille de Louis XI et première épouse de Louis XII. Après avoir été répudiée par ce monarque, l'infortunée princesse se retira dans un monastère de Bourges qu'elle avait fondé. On y montroit encore, il y a peu d'années, les robes et les ajustements de noces de cette princesse, et on les conservoit avec le plus grand soin.

Je suis persuadé, ajoute notre auteur, que si Charles VII ressuscitoit, il reconnoîtroit parfaitement la grande place de Bourges; elle ne paroît avoir subi aucun changement, ni avoir reçu le moindre embellissement, pendant les trois ou quatre siècles qui se sont écoulés depuis sa mort. La province de Berry, quoique considérable et naturellement fertile, n'est cependant pas aussi bien cultivée qu'elle pourroit l'être.

La ville de Sancerre, à dix lieues de Bourges, située sur une hauteur près de la Loire, fut un des principaux boulevards du calvinisme, et résista à tous les assauts que Charles IX lui fit donner en 1573. Le comte de la Châtre, commandant l'armée royale, voyant que toutes les tentatives étoient infructueuses, se détermina à convertir le siége en blocus et à prendre la place par famine. Les habitants furent réduits à assouvir leur faim sur les objets les plus dégoûtants ; la chair des plus vils animaux, l'herbe qui croissoit sur les remparts, des insectes, le cuir des harnois, les parchemins des archives, les cornes des pieds des chevaux, les cornes de bœufs, de vaches, furent dévorés par les malheureux assiégés. Ils allèrent même jusqu'à violer l'asile des morts et à se repaître de cadavres. On a vu un père, une mère, renouvelant les horreurs du siége de Jérusalem, égorger leur propre enfant pour s'en nourrir. La place se rendit enfin au mois d'août de l'année 1575.

Issoudun est la seconde ville du Berry, sa population est de douze mille ames. On voit dans un faubourg, les restes d'une tour dont la forme étoit colossale et bizarre, elle représentoit un cœur.

A Mehun sur l'Yèvre, on voit encore quelques vestiges d'un château fort ; le roi Charles VII, qui l'avoit fait construire, y mourut de faim en 1461, par suite d'une abstinence volontaire qu'il s'étoit imposée, dans la persuasion que son propre fils, qui régna depuis sous le nom de Louis XI, avoit formé le dessein de l'empoisonner.

La situation de ce château est on ne peut pas mieux choisie ; il est au milieu d'une plaine vaste et couverte de forêts : il est baigné par la petite rivière d'Yèvre, dont le canal, se divisant en plusieurs branches, donne naissance à une foule de petites îles marécageuses et plantées de saules. Quoique ces bâtiments aient été ruinés par la foudre, par le temps et les dégradations continuelles qu'en font les paysans du voisinage, l'ensemble en est cependant imposant et magnifique ; la grande tour s'est parfaitement conservée. L'appartement où mourut, dit-on, l'infortuné monarque, est dans une des petites tours ; l'entrée en est embarrassée par des pierres qui se sont détachées de la voûte.

Ce château a été entièrement construit avec une pierre presque égale au marbre par la blancheur et la dureté. Il passe pour un des plus beaux monuments qui se soient conservés en Europe, de l'architecture du quinzième siècle.

M. Wraxall se rendit à Orléans en traversant les provinces de Berry et de Sologne. Orléans est le chef-lieu du département du Loiret ; le Loiret est une petite rivière. L'une de ses sources, sort de dessous terre, et d'une telle profondeur, qu'on n'a pas encore pu en mesurer la hauteur. Cette ville est assez mal bâtie, et les rues en sont fort étroites, à l'exception d'une seule qui aboutit au pont sur la Loire. On voyoit sur une des places, un monument qui représentoit Charles VII et Jeanne-d'Arc (la Pucelle d'Orléans) à genoux devant le corps de Jésus-Christ étendu dans les bras de sa mère. Ce monument fut érigé en 1458, par ordre du roi Charles, afin de perpétuer le souvenir de ses victoires contre les Anglais; toutes ces figures étoient de fer coulé. Il n'est pas besoin de dire que ce monument a été détruit par la tourmente révolutionnaire. L'événement mémorable qu'il consacroit n'a pas été pour les barbares qui régnoient alors un motif de le respecter. On se propose d'en élever un autre à la place, et la première pierre du piédestal a été posée l'année dernière.

Dans l'hôtel de ville est le portrait de la même héroïne; il a été fait en 1581, et par conséquent plus de cent trente années après sa mort; c'est néanmoins le portrait le plus ancien que l'on connoisse de Jeanne d'Arc : aussi le peintre, à qui il n'étoit pas possible de lui donner de la ressemblance, a-t-il cherché à prêter à Jeanne d'Arc la physionomie qui semble le mieux s'accorder avec ce que l'histoire nous a transmis de cette femme extraordinaire, qui, si elle ne fut pas, comme elle le prétendoit, inspirée de la divinité, n'en a pas moins rendu de grands services à son roi et à son pays. Au surplus la ville d'Orléans n'est pas seulement fameuse par le siége qu'elle eut à souffrir des Anglais, et qui fut levé en 1428, mais encore par le siége qu'elle soutint en 450 contre l'armée d'Attila. François Ier est mort à Orléans en 1500.

Cette ville est située favorablement pour le commerce, grace à sa position sur la Loire, sa communication avec la Seine, par le canal de Briare et d'autres canaux intermédiaires. Les raffineries de sucre, la fabrication du vinaigre, et d'autres branches considérables d'industrie, donnent à cette cité une grande importance; sa population est de quarante-deux mille ames. On peut la regarder comme une des cités du troisième ordre.

Cette ville a dû la splendeur dont elle a joui du temps des Romains, aux bienfaits de l'empereur Aurélien; c'est pour cette raison qu'elle portoit le nom latin d'*Aureliacum*, d'où est venue, par corruption, la dénomination actuelle d'Orléans.

Ses environs sont fertiles et très-agréables, sur-tout le district qu'on appelle la Sologne, au sud de la Loire. Les habitants de ce pays sont actifs, industrieux et très-fins, malgré leur apparence de simplicité et de bonhomie. Aussi, dit-on proverbialement dans le pays, d'un homme qui, sous les dehors d'une confiance affectée, cache un vrai sentiment de ses intérêts : « C'est un niais de Sologne qui » reçoit les sous pour des liards. »

M. Wraxall, anglais de naissance, n'a pas manqué d'aller visiter *la Source*, maison de plaisance, où a demeuré un des plus illustres écrivains de son pays, Henri Saint-Jean lord Bolingbrok ; il passa dans cette retraite la plus grande partie de son existence.

Beaugency est une autre ville sur la Loire ; dans ses environs sont le château et le parc de Menars, qui ont appartenu à la marquise de Pompadour, favorite de Louis XV. Le nom de Beaugency dérive, dit-on, de *Bois gentil*, à cause de la beauté des bois qui l'environnent.

CHAPITRE X.

Notice sur la ville de Blois. Château où furent renfermées deux reines de France, où le duc et le cardinal de Guise furent assassinés. Château de Chambord. Description de Vendôme et de ses environs.

Il est peu de villes françaises aussi fertiles en événements historiques que celle de Blois. On y montre encore le château où est né Louis XII, à qui ses bienfaits ont mérité le surnom de Père du peuple. C'est dans cette même enceinte qu'Isabelle de Bavière et Marie de Médicis, reines de France, célèbres par leurs intrigues et leur insatiable desir du pouvoir, ont été renfermées. C'est là que le duc et le cardinal de Guise ont été sacrifiés à la vengeance d'Henri III,

Valentine de Milan, Anne de Bretagne, Claude sa fille et Catherine de Médicis, sont également mortes dans ce château. Il est assis sur un rocher immédiatement au-dessus de la Loire, et domine sur un site magnifique. Il ne reste plus qu'une grosse tour de l'ancien château, que firent construire les comtes de Blois. Celui que l'on voit aujourd'hui, a été bâti par le roi François Ier. L'architecture en est d'un assez bon goût.

M. Wraxall s'est fait conduire dans la chambre où Henri, duc de Guise, fut assassiné en 1588, par ordre de Henri III. Vers l'aile occidentale des bâtimens, est la tour de Château-Regnault, fameuse par le meurtre du cardinal de Guise ; les curieux descendent dans un cachot, où ce prélat ambitieux, mais infortuné, passa la nuit qui précéda sa mort, avec l'archevêque de Lyon, son compagnon d'infortune. Il est fermé de deux portes énormes, toutes couvertes de fer ; une foible lumière pénètre dans cet affreux réduit par une petite fenêtre grillée.

Dans l'aile septentrionale, est la salle dite des Etats, où le roi Henri III convoqua deux fois les trois ordres de son royaume, pendant les orages de son administration. On y voit une cheminée dans laquelle on assure que les cadavres des deux Guise furent déposés et réduits en cendres, après qu'ils eurent été immolés à la vengeance cruelle, sans doute, mais trop juste, du souverain qu'ils avoient conçu le projet de détrôner.

La façade orientale a été commencée en 1650, par Gaston d'Orléans, fils d'Henri IV, mais sa mort l'a laissée imparfaite.

La ville de Blois est médiocrement bâtie : la plupart de ses édifices ne sont guère moins anciens que le château.

Elle est située sur la pente d'une colline qui forme la rive septentrionale de la Loire ; elle est réunie au faubourg, qui est de l'autre côté de la rivière, par un pont magnifique, sur lequel on remarque un obélisque de plus de cent pieds de hauteur.

Il n'est point de langage capable de donner une idée de la beauté de la Loire, ou de la fertilité des pays qu'elle arrose. L'extrême pauvreté et la misère des habitants, au milieu d'une sorte de paradis terrestre, qui produit en abondance tous les objets nécessaires à la vie et à ses agréments, offre un contraste véritablement pénible.

Chambord, fameux palais de François Ier, est à quatre lieues de Blois, sur la rive méridionale de la Loire. Il est dans le fond d'une vallée, environnée de montagnes boisées. Il ne ressemble pas mal à ces châteaux enchantés dont parlent l'Arioste et le Tasse. L'immensité des bâtiments, le grand nombre de tours, de flèches gothiques et de tourelles sur lesquelles on reconnoît l'empreinte des ravages de deux siècles, produisent dans l'ame une sensation qu'il seroit impossible de décrire. L'architecture gothique de ce palais ne manque pas d'élégance. Les appartements, quoique démeublés, ont quelque chose d'imposant par la solitude même qui y règne. Ce château avoit été cédé, par Louis XV, au maréchal de Saxe, qui y est mort en 1750. Les plafonds de plusieurs des chambres sont soutenus par des arcs-boutants; Catherine de Médicis, informée par un astrologue, qu'elle étoit en danger d'être écrasée sous les ruines d'un édifice, ordonna de prendre cette précaution, craignant que la prédiction ne vînt à s'accomplir. Cette reine étoit fort superstitieuse, et croyoit à tous les prestiges de l'astrologie judiciaire. [1]

François Ier a dépensé des trésors immenses pour la construction du palais de Chambord; dix-huit cents ouvriers y travaillèrent pendant douze années consécutives. On dit que ce château renferme douze cents vastes appartements, et quatre cents plus petits; François Ier en faisoit son séjour favori. On lisoit encore, il n'y a pas bien long-temps, sur un des carreaux de vitres, deux vers que ce monarque y traça avec la pointe d'un diamant.

Souvent femme varie,
Mal habil qui s'y fie.

---

[1] L'astrologue en question cachoit peut-être à la reine une leçon utile, sous l'emblême d'une ingénieuse allégorie. Catherine étoit menacée en effet d'être écrasée sous les ruines de l'édifice politique. La France, agitée alors par tant de troubles, par tant de factions, par tant d'intérêts opposés, étoit à deux doigts de sa perte. *(Note du Traducteur.)*

Depuis la mort du maréchal de Saxe, Chambord est rentré dans le domaine public ; et, comme il n'est plus habité par personne, il est singulièrement négligé et tombe en ruine.

Vendôme est à sept lieues de Blois, sur la petite rivière du Loir. Le poëte Ronsard est né dans ses environs, et c'est la seule recommandation qu'elle ait aux yeux du voyageur philosophe. Les bâtiments vastes et élégants de la ci-devant abbaye des bénédictins de cette ville ont servi, en 1797, à établir les prisons et le tribunal de la haute-cour de justice, chargée de juger Drouet, Babeuf et autres, que l'on accusoit d'avoir cherché à renverser le gouvernement directorial d'alors, pour lui substituer le gouvernement populaire, c'est-à-dire, l'anarchie de 1793, avec toutes ses horreurs. Babeuf et ses sectateurs professoient ouvertement la doctrine du partage des terres, de l'entière égalité des conditions et des fortunes. Des rêveries aussi pitoyables eussent mérité à leurs auteurs et à leurs prosélytes des loges aux Petites-Maisons, plutôt qu'un procès criminel, si pour parvenir à ce but ridicule, ils n'eussent projeté d'employer les massacres et les désordres de toute espèce. Les débats de ce singulier procès ont duré quatre mois entiers ; le recueil exact qui en a été fait est on ne peut plus curieux ; presque toutes les séances ont été signalées par les sarcasmes ou les vociférations des accusés, par un tumulte vraiment scandaleux, et qu'il est étrange que le tribunal n'ait pas eu la force de réprimer. A la lecture de plusieurs passages qui retracent des scènes tout à fait comiques, on se persuade difficilement que du résultat de ce jugement dépendoit la vie ou la mort de soixante accusés au moins.

Il n'y a cependant eu que deux prévenus condamnés à la peine capitale, cinq ou six autres sont relégués dans l'île d'Oléron ; les autres ont été acquittés et mis en liberté.

Le Loir traverse cette ville et s'y divise en plusieurs bras, qui bornent et embellissent les jardins de quelques particuliers. Cette petite rivière est fort poissonneuse, mais elle ne porte bateau qu'un peu plus loin ; elle est peu profonde, mais il y a dans plusieurs endroits des trous considérables, qui rendent fort dangereux d'y nager ou de s'y promener en bateau. Le rédacteur de cette collection de voyages faillit être témoin et peut-être victime d'une catastrophe effroyable qui arriva près de Vendôme, en 1797, dans le temps même des séances de la haute-cour. Trois ou quatre personnes de Vendôme et d'autres particuliers des villes voisines avoient fait une partie de plaisir dans une maison de campagne, à deux ou trois lieues de Vendôme. Après s'être livrés à la danse et à d'autres divertissements, on fit une promenade en bateau. Onze personnes, hommes, femmes et enfans y montèrent, il ne resta sur le rivage que deux personnes que le frêle esquif ne pouvoit contenir. L'imprudence d'un passager fit chavirer le bateau; les onze personnes périrent misérablement à la vue des deux qui étoient demeurées sur le rivage et ne pouvoient leur prêter de secours. L'endroit où arriva cet événement n'étoit pas très-profond; tous les hommes savoient nager, mais au moment de la chûte les femmes serrèrent étroitement les hommes, on se cramponna les uns aux autres; pour comble de malheur, les naufragés s'embarrassèrent dans les joncs et dans la vase, et il n'y eut personne de sauvé.

Vendôme a été pris par Henri IV, pendant les guerres de la ligue, après un siége opiniâtre dont la longueur fut le fruit de la persévérance du commandant de la place et d'un père récollet qui secondoit la rebellion par des prédications fougueuses. Après la reddition de la ville, ces deux hommes furent pendus sur la place Saint-Martin; on leur coupa ensuite la tête et l'on fixa ces sanglants trophées dans deux trous pratiqués à la muraille intérieure de l'église Saint-Martin. Les têtes y sont encore aujourd'hui, on reconnoît distinctement les crânes noircis et tout couverts de toiles d'araignée.

L'église de Saint-Martin, elle-même, dont on a fait, pendant la révolution, un magasin de fourrages, est un monument non moins déplorable des dissentions politiques et religieuses qui ont tant de fois agité cette contrée.

Les tanneries, mégisseries et les manufactures de papiers qui se trouvent à Vendôme, donnent quelque importance au commerce de cette ville.

Fin du Tome premier du Voyage de Wraxall, et du Tome septième de la 3e année.

TABLE DES MATIÈRES CONTENUES DANS CE VOLUME.

FIN DE LA TABLE.

www.ingramcontent.com/pod-product-compliance
Ingram Content Group UK Ltd.
Pitfield, Milton Keynes, MK11 3LW, UK
UKHW021058230726
13926UKWH00004B/1922

9 782019 160166